《跟大师 学投资》丛书

飙股的长相

（日）林则行 / 著　郑舜珑 / 译

SPM 南方传媒 | 广东经济出版社

·广州·

图书在版编目（CIP）数据

飙股的长相 /（日）林则行著；郑舜珑译. —广州：广东经济出版社，2022. 4
ISBN 978-7-5454-8205-8

Ⅰ. ①飙… Ⅱ. ①林… ②郑… Ⅲ. ①股票投资—基本知识
Ⅳ. ①F830.91

中国版本图书馆CIP数据核字（2022）第019312号

责任编辑：陈念庄　李　璐
责任校对：李玉娴
责任技编：陆俊帆

版权合同登记号：19-2018-048

飙股的长相
BIAOGU DE ZHANGXIANG

出版人	李　鹏
出　版 发　行	广东经济出版社（广州市环市东路水荫路11号11～12楼）
经　销	全国新华书店
印　刷	广东鹏腾宇文化创新有限公司 （珠海市高新区唐家湾镇科技九路88号10栋）
开　本	787毫米 × 1092毫米 1/16
印　张	14.5
字　数	196千字
版　次	2022年4月第1版
印　次	2022年4月第1次
书　号	ISBN 978-7-5454-8205-8
定　价	66.00元

图书营销中心地址：广州市环市东路水荫路 11 号 11 楼
电话：（020）87393830　邮政编码：510075
如发现印装质量问题，影响阅读，请与本社联系
广东经济出版社常年法律顾问：胡志海律师

五步骤，让你最快买到真正的

STEP 1

运用 K 线图
找出真正的飙股

稳定后陡升
就是飙股起涨点

平稳期
期间：6 个月以上
范围：15%以下最优
30%以上别买

淘汰四种假飙股
①独行狼②公司重整
③落后补涨④公司被并购

确保
股价具有飙涨能量

STEP 2

企业过去
是否发生巨大转变

最近二至三季度
获利成长 20%以上
营业额成长 10%以上

符合以下
任一巨大转变
①搭上时代潮流顺风车
②独占某个利基市场
③受惠于政府政策

确保
企业未来一定很赚钱

STEP 3

从技术指标
推估市场买气

创新高价当天的
成交量：
比 20 日 MV 多 0% ～ 20%

创新高价当天的
K 线波动率：
4% 以下：低风险
4% ～ 6%：中风险

拆解波段构造，算出
预测高点
预测高点＝近期低点
（股价）＋近期涨幅

确保
预测涨幅 20%以上
才能买进

飙股！

STEP 4

掌握大盘走势

中趋势（每天检查）
创新高价股数量比 2%以上

创新高价股数量比＝

$$\frac{\text{过去一年创新高价股数量}}{\text{上市（柜）公司总数}}（\%）$$

大趋势（偶尔检查）
①世界主要指数走势，是否突破近期高价？
②本国走势是否与世界经济一致？

确保
飙股涨势不被大盘拖累

STEP 5

下单

定律是买在
创新高价的隔天

用比前一天收盘价
低 0.5%～1.0%的价位
限价下单

分散投资
① 1 只股票只占资金的 1/10
② 10 只股票再分散成不同类股

确保
可能发生的亏损最小

推荐序1

提高机械性操作的比重，找出真正大飙股

76%亮眼报酬率的冠军操盘人／黄嘉斌

本书作者林则行是全球最大主权基金阿布达比投资局的传奇基金经理人，也是日本K线大师，文中所阐述的内容都是作者多年来的实战经验，其去芜存菁后所汇整的投资心法，为投资者设身处地点出具体可行的操作步骤。

大多数投资图书仅阐述一些观念或原则，甚少提及该如何去实践，细读后往往只觉得精彩、佩服，甚至羡慕作者，但却遍寻不着学习法与着力点，而本书有别于这些投资图书，因此，本书是一本很难得而且一定要再三阅读的好书。

具体教授寻找飙股的步骤，不仅是本书的重要特色，更突显出作者愿意与人分享的胸襟。在此特别建议读者，不仅应再三精读，将其当成投资选股的工具书，更应将作者所提出的方法验证于自己的交易中，以加深印象，熟习他的方法，如此才能将其实际运用在寻找未来值得投资的“飙股”中，进而消化成自己独特的选股依据。

在投资领域中，所凭借的决策理论可大概分为两大派系：一派以基本面为依归，另一派则奉技术分析为圭臬。不过，一般投资者甚至机

构法人在实际决策时，大多数游移于两者之间，然后再加上直觉与经验（通常是情绪与喜好），比如有些投资者对于某些产业或公司总是避之不及，就算已有具体证据说明该股股价将持续上涨，还是避之不及。究其原因，往往是其曾在该产业或该公司投资失败。

笔者从事研究、投资工作20多年，亦不能免俗地犯下由主观情绪导致的谬误。本书透过分析，找出飙股的一些质化特征，并进一步加以量化，将这些条件辅以简单的数学运算，作为最终的决策标准。当投资决策依据八成来自机械性操作，只有两成需要自己思考时，不但可以减少犯下由主观情绪导致的错误，更可以有更多时间做出更缜密的正确决策。提高机械性操作的比重，而无须以精密复杂的财务工程为背景，是林则行在本书中非常重要的贡献。

一、以股价高低和波动幅度为起点

从各个投资者的属性区分，有资金投入多寡之别，还有积极、保守之分，短、中、长期之分等，不同性质所着重的点各有不同。当我们拆解整个完整的投资架构时，从最上层的趋势（长期），到背景、政策（中期），乃至于波动（短期），尽管用于投资的方法不尽相同，却又密不可分，甚至作者还巧妙地教导读者，在无法从最上层的趋势进行研判时，就从最底层进行分析，以股价高低（K线形态）与股价波动幅度作为起点，寻找值得中、长期持有的飙股。

作者认为上述两种他自己服膺的技术分析法，是寻找长期投资飙股很有效的研判工具。其实，这两种方式便是业界所惯称的“形态学”与“量价关系”。同时，这两项工具也是业界以基本面研判为主的资深投资者经常采用的方式，主要用来补充基本面研判的不足，也就是“基本面为主、技术面为辅”的观念展现，并在实务应用上要有基本面凌驾于技术面之上的观念。

简单来说，市场总是存在着先知先觉者——已故投资大师安德烈·科斯托拉尼称为先期投资者，他们总是领先市场、站在趋势前端。当这些人开始默默买进时，在K线形态上便会出现平稳期，如果说研判方向正确的话，随着时间的流逝，将会更有利于买进方（即多方），而且强度将愈来愈大，这就表示披露的信息越来越多，市场知悉的人士也同时增加了。当这种状况达到多空临界点，多方的力道超越空方时，股价脱离平稳期便开始飙升，而这通常也是基本面和业绩正式公布的时候。

二、5个月大涨76%的大飙股

记得在2006年，群联电子（8299）的股价正式创下2年新高之前，也经历了一段不短的平稳期，直到同年11月7日量价俱扬、转折向上、突破新高，并于3天内补量，同时较前次高点成交量的3,191张[①]高出54%，吻合了“创新高价当日的成交量愈大，股价飙涨概率愈高”的原则。

此次群联电子的股价不仅站稳200元（注：新台币）关卡，还一路攀升到355元，5个月的时间大涨76%，之后再经历另一个阶段的整理，启动“第二阶段上涨”，直奔715元的高峰，前后时间合计不过1年，共上涨了2.5倍。这段时间，果然不断传出快闪记忆体缺货的消息。因公司备有数月的低价库存，以及得到东芝（Toshiba）、金士顿（Kingston）的大力支援，以低价稳定货源不至于匮乏，独享涨价的利益。

① 注：1张=1000股。

通过对K线形态的解读，就算我们不能成为先知先觉者，至少还能窥得玄机成为后知后觉者，享受涨势开始后的报酬，即使报酬率不及先进者，总比在一旁干瞪眼好。许多错失起涨买点的人，往往因成本的挂碍，错失后续更大的一波行情。

其实，先期投资者承受不确定因素与时间风险较高，若是基本面按剧本发酵，他们享有较后进者三到五成的成本优势也合情合理，而后进者纵使绝对报酬率较低，但少了等待的时间，再将报酬率年率化，其收益也未必不及先期投资者，许多事情一经转念，便可以迎刃而解。

《飙股的长相》这本书是林则行30多年来实战经验汇总后的精华，为我们指引了一条通往成功投资的道路。“投资之途无帝王之路”（意指无捷径），有了本书的指引，倒是可以踏上一条少了很多障碍的坦途。

推荐序2

在寂寞与等待中，找到自己的飙股

《今周刊》顾问、《财经热点》主持人 / 林宏文

从事新闻工作20多年，我有很多机会接触众多财经界人士，常听到大家对产业与投资趋势侃侃而谈；我也认识不少投资高手，每个人都能说出一套成功心法；我更常听到周围许多朋友，会善意提醒应该注意哪些“即将要大涨”的“明牌[1]”。在工作之余还能享有这种“红利”，大概也是很多朋友羡慕记者工作的原因。

没错，我的确听过许多“好康[2]”的事情。“这是一个千载难逢的好机会，你绝对不要错过！”这类话，经常让我在投资决策里意乱情迷、三心二意。

但是，累积多年的惨痛教训后，我只能很无奈也很无趣地告诉大家，只要听到这种太好的消息，隔天就兴冲冲地跳进去，下场往往都很惨。而且，根据我的观察，报“明牌”的人股龄再久、经验再丰富，他赔钱的概率一样很高。

告诉你“明牌”的人，通常不会告诉你何时该出脱；当公司业绩

---

① 内幕消息。

② 闽南语，“好、幸福”的意思。

或基本面有变动时，更不会知会你；更糟的是，你不可能是第一个听到“明牌”的人，却极有可能是最后几个知道的人。股市“明牌”往往稍纵即逝，只能带来短暂的激情，若没有基本面支撑，只会带来大灾难。

务实一点来说，股票投资原本就是一个“尔虞我诈”的行为，万般拉抬只为出货，若不加以细究，每一次的“明牌”都会变成包着糖衣的毒药，最后你就成为那只被送入虎口的羔羊。

大约10年前，我认识一位在竹科半导体公司上班的朋友，他在累积几家公司的工作经验后，决定离职，到台北的证券公司上班。由于对产业脉动了解深入，对IC设计业的投资判断相当精准，没有产业背景的老板对他印象深刻。而这个朋友最主要的判断依据，当然来自他对基本面与个别公司的理解与掌握。

主跑科技产业多年、见证产业的起伏兴衰后，我也有类似的投资经验。在选择投资标的时，我一定要对该产业处于景气循环的何种位置 、产业的内外在竞争环境，以及个别企业的竞争力等，有透彻的研究后，才决定要不要出手。通过反复研究与长期练习，我选择的投资标的，成功率已明显赢过大盘，当然也比听“明牌”要高明许多。

一、买卖的时机点，比基本面更关键

不过，了解基本面仍然不够，我也认识不少对产业基本面相当熟悉的朋友，股票投资却一样不顺利。我听过最多的例子，就是很多园区科技业的高级主管，自己的股票都买在高点、卖在低点，和一般散户没什么两样。

若要归纳一个基本的投资原则，我觉得基本面只占决策比重的六七成，但要选到一只飙股，尤其是掌握买进与卖出的时间点，有三四个因素绝对不能轻视，包括对个股的技术指标、量价关系、K线形态等的研究，尤其在决定买卖的时机点上，这些因素恐怕更为关键。

翻阅由日本K线大师林则行所著的这本《飙股的长相》后，我发现作者的观察与我的经验有许多类似之处，而且，与一般股票投资书籍不同的是，这不只是一本谈论技术指标的书，其中处处显示作者对于产业基本面有深入的观察，甚至有不少独到的见解。

例如《三种巨大转变，让企业变得很赚钱》《小心！四种诱人的假飙股》《这只飙股会涨到哪》等章节，把基本面与技术面的观念相融合，让他的股票制胜逻辑能够阐述得更加完整、更具可信度。

此外，随手举几个作者在书中所说的原则，如“平稳期愈长，股价涨幅愈大”“买在突破近期新高价的位置”等，其实正是作者对产业基本面与技术面的相互印证。平稳期长，代表产业进行供需及体制调整，而选择买在突破近期新高价的时机点，则让大部分无法长期等待的投资者，可以在股票起涨前，在最适当的时机出手，以获取最大的报酬。

如果以近几年台湾电子业中的四大“惨”业（在经历股价3年的调整期后，2013年的太阳能、存储、照明产业都已逐步复苏，股价涨势也最为惊人）来验证作者的投资原则，确实相当具体可行。

此外，这位投资经历超过30年、被视为传奇的基金经理人，虽然在书中引用的大部分案例都是日本企业，但是对其他地区的读者来说，这反而成为本书最值得玩味之处，因为这样的投资原则放之四海而皆准。不带情感的技术指标，有时反而是判断股票多空最好的依据，因为公司的业绩展望有时候会骗人，但技术指标及量价关系却往往透露着大股东或圈内人无法掩饰的操作痕迹。

而且，近年来台湾地区许多产业渐失竞争力，这本书提出众多的投资原则，正可作为投资者转战欧美、日本、韩国以及中国香港地区时，一个简单可行的选股参考。

二、投资是容易的，等待是困难的

最后，我还想分享两个自己的投资经验。我觉得，投资其实是一件非常个人的事，也是一条很寂寞的路，要想在股市长期获利，只有自己投入时间研究、观察与练习，在错误中修正自己的投资坏习惯，在众声喧哗中找出适合自己的股票，才能成为最终的赢家。

此外，我也觉得大部分的投资回报，都来自对产业长期趋势的掌握，以及伴随而来的漫长等待。就像词曲创作人李宗盛在《你像个孩子》这首歌中所写的一段歌词："工作是容易的，赚钱是困难的；恋爱是容易的，成家是困难的；相爱是容易的，相处是困难的。"而最后一句道出："决定是容易的，可是等待是困难的。"没错，决定投资标的有时比较容易，但如何等到题材发酵或实现，却是最困难的事。

希望每位投资朋友都能从这本书中，找到自己成功的操作心法，更重要的是，找到每个人在投资世界中的那只飙股。

前言

比别人早一步看出：“就是这只股票”

我写这本书，目的是增强股票投资者的实力，以柔道比喻的话，就是从白带（请参阅《大涨的信号》）进阶成黑带。我的目标，是教你一眼就看出将来会上涨2～3倍的股票。这类股票看似稀少，但股市确实存在着股价翻倍的实例，其中存有人人都能接受的简单理由，也必然存在能一眼看出这种股票的逻辑。

股价会翻倍，代表该公司一定发生了巨大变化，买股的关键，就是买在公司发生巨大变化的时机点——这是本书最重要的观念。以前，我跟着投资大师吉姆·罗杰斯学投资时，他就强调：“所有细节一概不管，只看大变化，一定要找出发生巨大变化的时机点。”当我知道这种观念时，手上犹如多了一把锐利无比的获利武器。

多年来，我担任基金操盘手，一直遵从并实践吉姆的教导，通过实战经验的累积，我已摸索出一套独门方法，能分辨哪家企业即将发生巨大变化，最佳的进场时机点在哪里，如何拥有掌握大局的观察力等，这些方法都将在本书公开，只要熟读本书，下回碰到能上涨2～3倍的股票，你就能立刻判断：“就是这只！”能做到这样，是因为本书分析了以下三个投资重点，能带领读者比别人早一步看出飙股的长相。

一、飙股的长相三大重点，让你最快找到飙股

（1）只看大格局。投资股票不能被细节卡死，必须着眼于大格局，因为任何投资方法都只能道出两个结论："买"或"不买"，就像气象预测最重要的，无非是告诉观众今天出门要不要带伞。投资股票不但不需要复杂的知识，而且知道愈多反而阻碍愈大。

（2）无论大盘涨跌，都能有效获利。大部分投资者在赔钱时会想："是不是该换个方式投资？"其实，这是非常危险的操作方式。日本相扑士常说："我按照自己的方式比赛。"意思是无论对手是谁，自己的战斗方式都不变；投资股票也是一样，方法或原则不该因大盘涨跌而改弦易辙。本书将教你选出长期发展看好的股票，并在它急剧上涨的瞬间买进——这才是投资的王道，无论大盘将来怎么走，遵守我的投资法则就能有效获利。

（3）决胜的关键，在于把亏损控制在最低限度。控制亏损的能力决定了投资的成败。我举个简单的例子，让大家了解控制亏损的重要性：有两个人比赛猜拳，赢家得到1元钱，输家要付1元钱，100个回合下来后，身上剩下最多钱的人就是获胜者。此时，如果有人懂得某种拥有60%胜率的猜拳技巧，最后赢了60次、输了40次，则身上还有20元。如果有人懂得胜率58%的技巧，最后赢了58次、输了42次，则身上还会剩下16元。虽然他的猜拳技巧，胜率跟上一个人只差了2%，但获利却少了20%。2%感觉很少，但在投资里，这2%则代表了专业和业余的差别。

二、什么形状的K线，有60%的胜率？

本书是我的前作《大涨的信号》（广东经济出版社出版）的实战篇。我在那本书中表示，我的投资方法有八成是靠机械性操作，只有两成需要自己思考，于是我心想：何不将投资中最困难、必须做出“买”或“不买”结论的思考过程，以系统的方式说给读者听？本书就是因此而诞生的。

比起前作，本书增加了更多K线与图表的范例说明，但我认为，这是股票书里专有名词最少的一本，请大家记住：操作步骤简单，才是获利的捷径。

投资者必学的重点，具体来说有三项：

（1）如何看出企业的未来性？

（2）什么形状的K线图，可以期待它上涨？

（3）如何对市场大格局进行思考？

或许有人觉得：“既然要教导读者成为专业投资者，对象应该是初阶者吧？”但投资本来就不该分级，因为股市并没有适合初学者买的股票，也没有适合初阶投资者的买股时机点。能够获利的股票、能够获利的买股时机，不会因为投资者的实力高低而有所改变，因为新手一旦投入股市，就得和老手交手；但我认为即使是新手，也有机会打败老手，这也是我写这本书的目的之一。

和《大涨的信号》不同的是，本书的每节开头，我都会用星号表示这节内容的重要程度，三颗星代表“非常重要”，两颗星代表“很重要”，一颗星代表“重要”。请读者先很快地把全书读一遍，然后从星号多的章节开始加强理解。

本书末有我精心设计的检核表，与前作不同的是，这次的检核表加上了K线图的图解分析。好好运用这份检核表，就能有效率地选出未来可以飙涨2～3倍的股票；或者你有想要买进的个股，也能运用这份检核表，找出判断上的盲点。

投资小叮咛

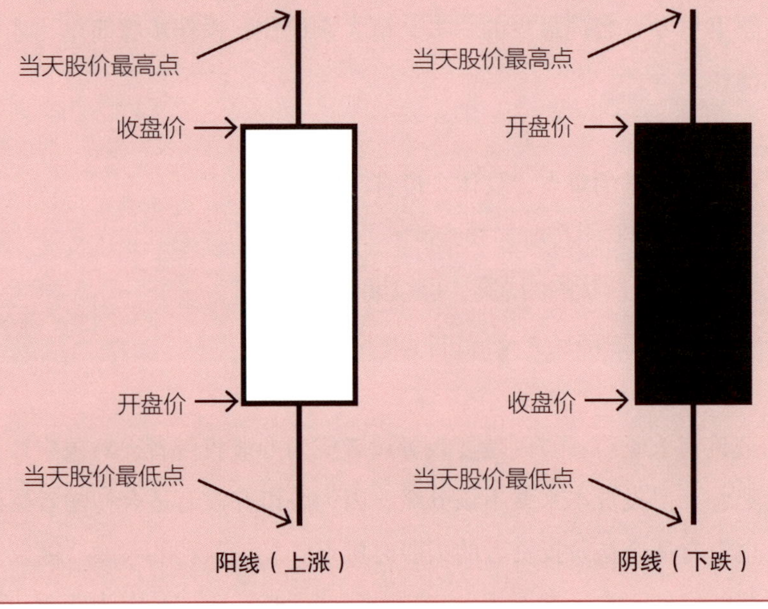

图1　K线标记示意图

目录

第四章

第五章

第六章

第七章

附　录

第一章

选股秘笈千百种，我的最快看出飙股

第一节 四个步骤，迅速看出飙股的长相

获利重点：练就迅速看出飙股的直觉反应，赢在别人之前。

重要度：★★★

当电视节目上出现新艺人，或跟公司、业界的前辈或晚辈初次碰面时，有些人往往你只看一眼就能感觉到这个人以后会成功。

直觉与瞎猜不同，那是你累积了许多阅人经验后的反应，我相信，从以前到现在，能让你凭直觉看出“这个人以后会成功”的对象，凤毛麟角。

股票也是一样，我们必须投资那种凭直觉知道“这只一定会飙涨”的股票，要做到这一点，就得看懂飙股的“涨”相；而要想磨炼出这样的眼力，就得大量接触股票，了解公司成功的必要条件。

这种直觉有个特色，就是你对自己的选择不会妥协。当你去超市买啤酒时，如果最喜欢的品牌刚好卖完了，这时你多半会改买第二喜欢的品牌；但我们不会因为今天没看到让人眼前一亮的厉害人物，就降低标准，对另一个人产生“这家伙不简单”的感觉。股票也是一样，我们不会因为今天看不到有“涨”相的股票，就退而求其次，感觉另一只股票会飙涨。

投资股票最重要的是，能一眼看出其价值。专业的机构投资者（指非个人的法人投资机构）几乎都练就了凭直觉看出股票“涨”相的本领——我这么说绝对没有夸大其词，事实上，这种直觉不是一朝一夕速成的，而是经过大量的个股研究磨炼出来的，本书就是要培养你一眼就看出飙股长相的实力。

或许有人认为：“直觉很难捉摸，可能是与生俱来的敏锐度，不是人人都能学会的。”这么想就太杞人忧天了，因为我过去也曾无法靠直觉选股，但是，只要跟我一样，按照本书的五步骤练习，培养这种直觉力，就能比别人预先布局，因为你一眼就能看出飙股的长相。

一、一定会涨的股票，长什么样？

那么，让专业投资者凭直觉就知道“这只一定会涨”的股票，究竟长什么样？

图1-1是靠着 Wii席卷全球的游戏机制造商任天堂的月K线图，从图中可看出任天堂的股价从2003年的谷底到2007年的高点，总共翻涨了9倍。图1-2是在快速时尚（指能因应潮流快速推出新品且价格大众化的企业，如ZARA、H&M等）里，以优衣库（UNIQLO）品牌闻名全球的迅销公司的月K线图，从图中看出其股价从2002年到2012年，总共翻涨了8倍。

如果问目前全球最耀眼的企业是哪一家，我想答案十之八九是苹果公司。苹果公司于2001年推出可携式音乐播放器 iPod、2007年推出iPhone、2010年推出平板电脑 iPad，这一连串的强劲攻势，让苹果股价从2003年的谷底到2012年的高点，总共飙涨了95倍（见图1-3）。

飙股的“涨”相：股价最高能翻涨近百倍

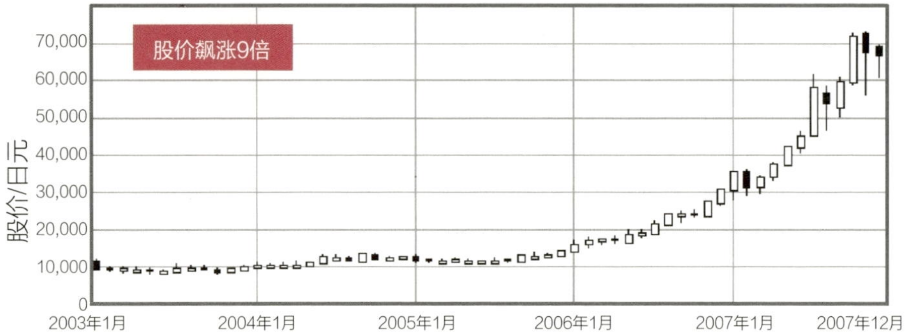

注：飙涨倍数是以最高价除以最低价来计算的。

图1–1　任天堂的月K线

注：飙涨倍数是以最高价除以最低价来计算的。

图1–2　迅销公司的月K线

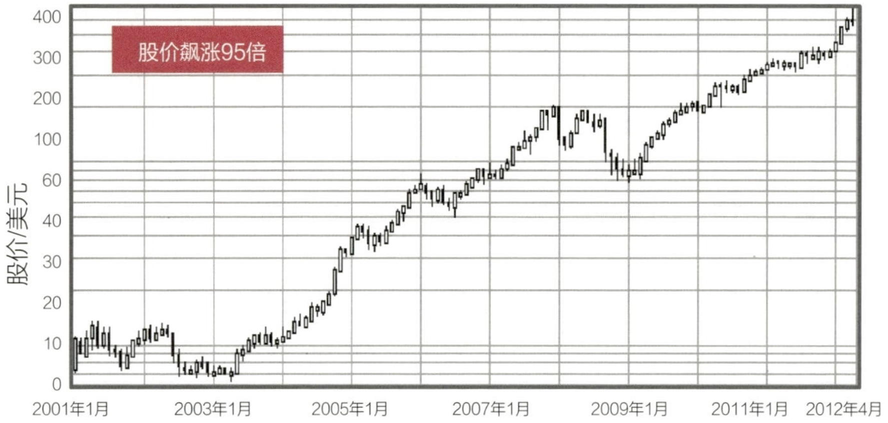

注：飙涨倍数是以最高价除以最低价来计算的。

图1–3　苹果公司的月K线

相较之下，微软呢？它曾是全球 IT龙头，但时至今日，大家还觉得微软在领跑 IT产业吗？我想没人这么认为吧，因为它除了升级 Windows 版本外，没有其他获利策略；进入云端时代后，它的经营只会更加艰难，微软的股价从2000年以后，就几乎在原地踏步。

不过，在20世纪90年代，微软曾是成长型企业（指因本身具备某些优势，如行业领先、技术垄断和管理高效等，而具有可持续发展的能力、能得到高投资回报的企业），因为它几乎独占了计算机操作系统市场，并随着计算机的普及，获利愈来愈惊人。微软的股价在20世纪90年代飙涨了98倍（见图1-4），当时投资者对微软的敬畏，与今天的态度真是不可同日而语。

20世纪90年代的超级大飙股是微软，之后由苹果接棒，这个事实对

微软股价曾经飙涨98倍，是20世纪90年代的超级大飙股

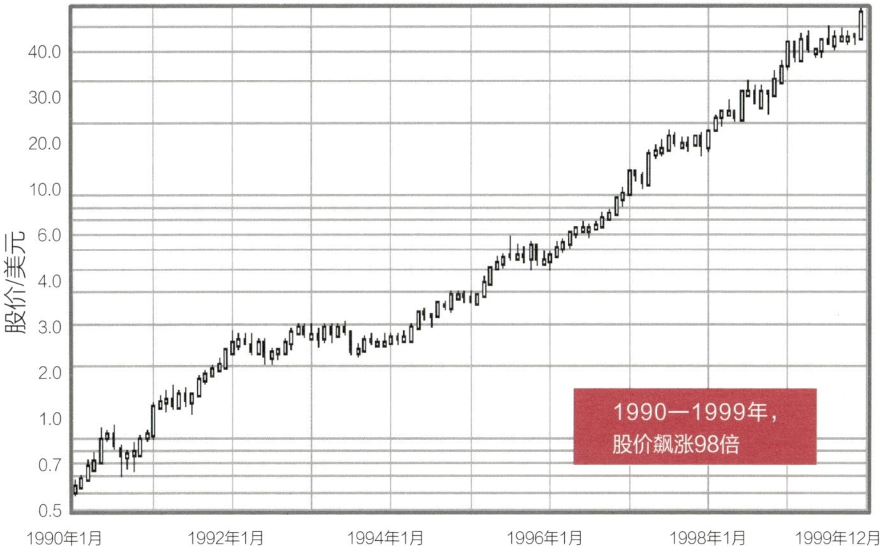

图1–4　微软的月K线

大家来说或许并不新鲜，但我相信很多人看到这里，才知道飙股的股价竟然可以飙涨近百倍，等于拿1万元投资，可以拿回100万元。

二、飙股定理一：获利持续成长20%

我们从前面的例子可以看出，凡是获利无法成长20%以上的企业，根本称不上成长型企业；而企业要想持续成长，就必须提供社会需要的技术与服务——这些技术与服务，能让投资者产生直觉："这只股票一定会涨！"

由此，我们得到飙股的第一条定理：企业获利持续成长20%以上，股价就会飙涨；反之，股价就注定低迷。

我们回头检验苹果与微软这两家公司的获利情况。以2000年的获利为基准点，来比较两家公司 EPS（每股盈余）的成长幅度。微软从2000年以后，获利成长率降到20%以下，而苹果则是超过20%。

2000—2011年，苹果的年均获利成长率为36%；相较之下，微软平均只有14%。14%的年均获利成长率在经济不景气时已经算是非常出色的表现，但还是无法满足市场的期待。微软1992—2000年的年均获利成长率有35%，到了2011年却只剩下14%，连原先的一半都不到。2003年，微软的获利终于突破过去网络浪潮最沸腾的2000年高点，比苹果早两年达到这个目标，但股价依旧没有大涨。

三、飙股定理二：股价能突破过去高点

年均获利成长率长期维持在20%以上的企业，就是具备飙股长相的

投资标的，不过，预测企业未来的成长率，不是一件简单的事。

我们对每天穿的、吃的、用的产品，对其所属公司的股票，或许还能做到某种程度的判断；但如果牵涉到原物料、机械、电脑软件等一般消费者比较陌生的领域，就束手无策了，偏偏大部分的上市公司都属于一般人不熟悉的领域。由此可见，想借由掌握社会脉动、公司动态来选出飙股，不是一件容易的事。因此，我建议以股价走势图来当作突破点。

股价走势图代表全体投资者的意见，获利好、有潜力的公司，走势自然会上扬，反之则会下跌。再者，不管是汽车制造商还是原材料供货商，不同行业的公司，走势图都以相同形式来表现；换言之，股价走势图让投资者可以用同一个标准衡量所有企业，这么好用的工具没有道理不用。

运用股价走势图，我们可以掌握跟“获利持续成长20%”同等重要的第二条飙股定理：能突破过去高点。

股票分两种：一种能迅速上涨，另一种会持续低迷。当股价真正上涨时，一定会突破过去的高点；没有突破过去的高点，股价绝不可能持续上涨。换句话说，能突破过去高点的股票，才是真正的飙股。

股价创新高宛如命运的十字路口，投资人进场的最佳时机，就是突破新高价位的瞬间。

例如苹果公司在2005年1月终于突破2000年网络浪潮时创下的高价，随着iPod风靡全世界，苹果2005年第一季度的每股盈余（EPS）甚至达到35美分，相较于2003年同期只有8美分，等于两年就涨了3.38倍，涨幅非常惊人。

在2005年第一季度财报公布一周后，苹果的股价就创下历史新高。

从图1–5来看，苹果在突破新高价后，股价暴涨了17倍。

相较之下，微软（见图1–6）自1999年12月以后，股价就没有再创过新高，到了2012年，股价甚至拦腰砍了一半，这代表它的表现让投资者买不下手。

即使你所研究的股票不像苹果或微软这么经典，也没关系，你只需记住这个定理，就不会认错飙股：没有创新高价的股票，就不会大涨。

真假飙股的分水岭：是否创新高价

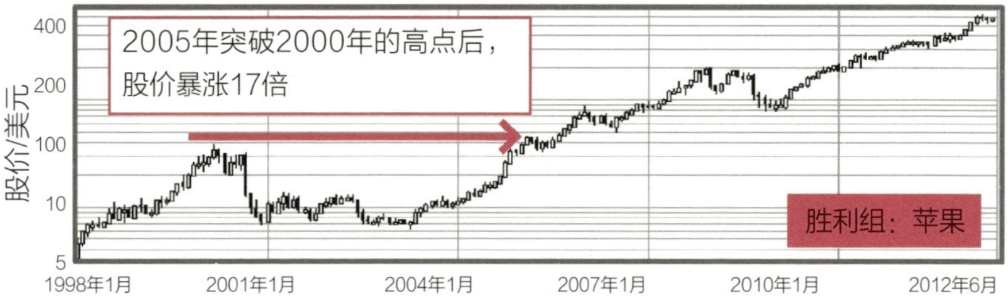

图1–5　胜利组苹果的月K线

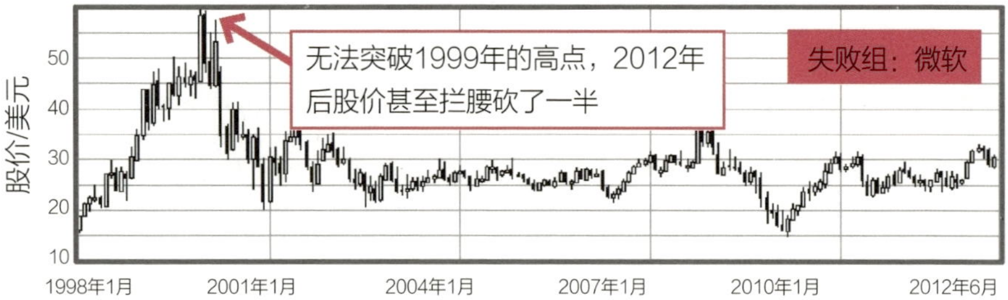

图1–6　失败组微软的月K线

四、同时满足两大定理，才是真飙股

有些投资者觉得“等价位跌深一点再买才划算”，但股价会跌，一定有它的道理，况且股价下跌不代表一定会反弹回来，也可能继续下杀。如果有人曾经因为微软股价下跌便逢低买进，现在股票可能还住在套房里，迟迟等不到它涨回来。

总之，当你不确定某只股票是不是真正的飙股，只要看股价走势图就对了；但是，投资者难免会遇到灰色地带，因为有些股票看起来明明不错，却还不足以让人铁口断言“这只股票一定会涨”。

例如，有人可能会想：“说到IT行业，谷歌也是其中的佼佼者，买谷歌的股票如何呢？”我猜很多人的直觉都是：“谷歌的股价表现虽然不如苹果，但比微软好太多了。”这么分析固然没错，但投资是“买”或“不买”的二元世界，光用“表现介于苹果和微软之间”来判断是否可以进场，理由似乎不够充分。

没有创新高价，不算真飙股

图1–7　谷歌的月K线

像这种时候，股价走势图就能派上用场了。请见图1–7，谷歌的股价从2004年挂牌上市到2007年的高点，总共翻涨了7倍，但之后便走势持平，进入平稳期。

关于平稳期，我会在第二节详述。目前光看谷歌的走势图，就能明显看出它的走势比微软强劲很多，也能看出谷歌的实力确实介于苹果和微软之间；但除了这一点，股价走势图还能看出此时不是买进谷歌的好时机，因为真正的飙股走势不会持平，而是会陡升。

在这5年的平稳期中，谷歌的获利成长了2倍。如果只做基本面分析，那么股价应该也会上涨2倍，事实却并非如此。谷歌虽然持续实施大型的并购计划，但本身除了搜寻引擎，没有其他大笔的收益，所以投资者都在观望它能否找到新的高收益来源。换句话说，投资者认为长期来看，这家公司很难维持20%以上的获利成长率——这就是谷歌的股价无法创新高的原因。因此，谷歌不算真正的飙股。

此外，说到网络时代的大赢家，绝对不能漏掉社群游戏。过去电视游戏机曾经引爆极大的热潮，我由此推论社群游戏的热潮也不会是昙花一现。日本最大的社群游戏公司 GREE在2007年4月的会员数已达116万人，到了2011年底，会员数更是飙升到1.9亿人。

如图1–8所示，GREE的股价从2008年挂牌上市到2011年的高点为止，一共上涨了6倍，股价则在“开箱子”（指用户付费后，可随机获得虚拟宝物）成为社会问题前的几个月触顶。

从2008年6月到2011年6月，GREE的经常利益平均成长了133%，而且新上市的股票在蜜月期后通常会大跌，这档股价却从一开始就不断看涨，所以上市后平稳期没有持续太久就突破高点（创新高价）——此时就是最好的买点。从这两条飙股定理来看，无论获利或股价走势，

GREE都达到标准，是不折不扣的飙股。

符合两大定理，就是不折不扣的飙股

图1-8　日本社群游戏公司GREE的月K线

五、决定“买”或“不买”，只需四步骤

本书的精华就浓缩在图1-9中。当你做投资决策时，请务必检查以下四个项目，我以☀的数量来标示每个项目的重要性。

1. 公司是否出现巨大转变 ☀☀☀☀

该不该买进某只股票，最重要的就是判断该公司是否出现巨大转变，获利是否急速成长。具体来说，就是第一条飙股定理：这家公司的获利能否维持20%的成长率？因为这是最重要的项目，所以我给它4颗☀，详细内容我会在第二章进行说明。

最擅长判断一个行业是否出现巨大转变的，通常是经济学家、商业顾问或企业经营者，但我们很少听说这些人靠投资股票致富，因为严格来说，投资股票和分析行业是两回事，因此，无论是经济学家、对行业发展敏锐度很高的人，还是擅长预测景气的专家，都无法掌握股市行情。

分析股票，请从左边简单的步骤开始

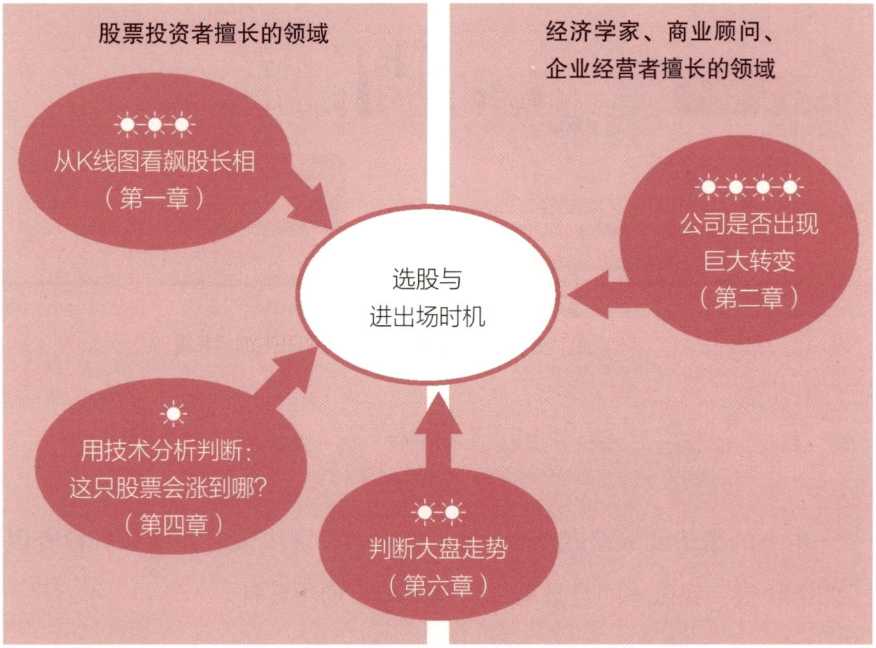

注：✱表示重要程度。分析个股时，建议从左边股票投资者擅长的领域开始尝试。

图1–9　选股与进出场时机

2. 看股价走势图选股　✱✱✱

经济学家、商业顾问、企业经营者无法靠股票致富，最主要是因为他们没有养成看股价走势图的习惯。虽然他们知道某项事业将来大有可为，但他们的进场时机不是太早就是利多，这早就反映在股价上了，他们对选股没有足够的敏锐度。

专业投资者在选股时，一定先看股价走势图（方法详见第一章第二节），遵照飙股的两大定理，寻找创新高价股。股价走势图是将所有重要的情报汇集在一张图中的便利工具，光是这张图就能衍生出各式各样的分析技巧，我们没道理不好好利用它。我认为，善用股价走势图才是通往获利的捷径，所以我给它3颗✹。

真正会涨的飙股，它的股价走势图会表现得非常鲜明强烈，当它出现创新高价时，就是最好的买点。这好比艺人的经纪公司，他们很少从零开始培育一个新人，往往是在某个人突然爆红时赶快签下，因为爆红的人已经通过市场的检验，所以值得投资。

当你选出中意的个股后，还要拿你选的股票跟别的股票做比较，了解目前市场如何看待你选的股票（方法详见第三章）。如果你选的股票里，有一只股票的股价走势与其他同业完全不同，就要多加注意。

3. 判断大盘走势 ✹✹

注意大盘动向非常重要，因为当股市进入下跌行情时，即便是成长型企业，股价也会跟着下跌，所以当大盘呈现跌势时，最好不要进场。关于这部分内容，我会在第六章进行详细说明。

注意大盘动向虽然重要，但我只给2颗✹。因为大盘动向和政府政策、经济脉动往往会有联动关系，也是投资人比较没把握的领域。因此，尽管大盘的涨跌对股价有决定性的影响，但投资者不能把判断能否进场的重点，全放在大盘上。

4. 用技术分析判断：这只股票会涨到哪？ ☀

技术分析（方法详见第四章）的重要度虽然只有1颗☀，但对于提升投资的精准度非常有帮助。

我们在进行投资决策时，难免会掺杂主观想法，例如相信基因医学有大好前景的人，自然会对基因治疗概念股抱持乐观的态度。相较之下，技术分析是单纯只有数值的世界，当某个数值出现时，就代表这只股票的股价有很高的概率会上涨。在技术分析中，个人判断完全没有插手的余地，因此是非常有效的分析工具。

以上是买进的部分，关于卖出，我会在第五章做详细说明。

第二节 稳定后陡升，就是飙股的起涨点

获利重点：平稳期后的创新高价，就是买点。

重要度：★★★

看K线只有一个重点，就是在稳定后陡升时买进，具体来说就是找到脱离平稳期的创新高价位置。

如何确定你买的价位是在平稳期即将结束的位置？如何确定买进后是起涨，而不是走跌？投资者要想买在稳定后陡升阶段，必须掌握三个要点：

※找出平稳期，K线图就看懂八成；

※确认是否符合平稳期的三个条件；

※从基本面检查业绩（营业额＋获利）。

一、找出平稳期，K线图就看懂八成

首先，我们得知道平稳期长什么模样。平稳期是指股价持续在小幅度的范围内波动，股价波动小，是平稳期最主要的特征。就像暴风雨前的宁静，平稳期是飙涨前的宁静。

平稳期非常容易辨识，每个人都可以轻松看出平稳期的位置。例如图1–10信越化学的月K线，红色圈起来的地方就是平稳期。从1999年1月到2009年这11年间，没有比圈起来的地方波动幅度更小的时期。只要会看平稳期，就等于K线图看懂八成了。

找出平稳期，K线图就看懂八成

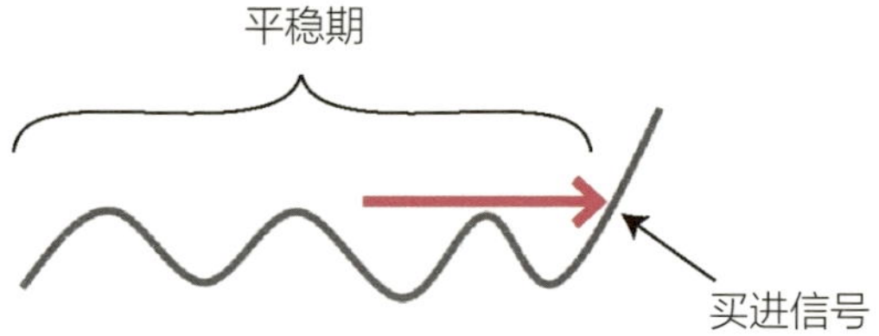

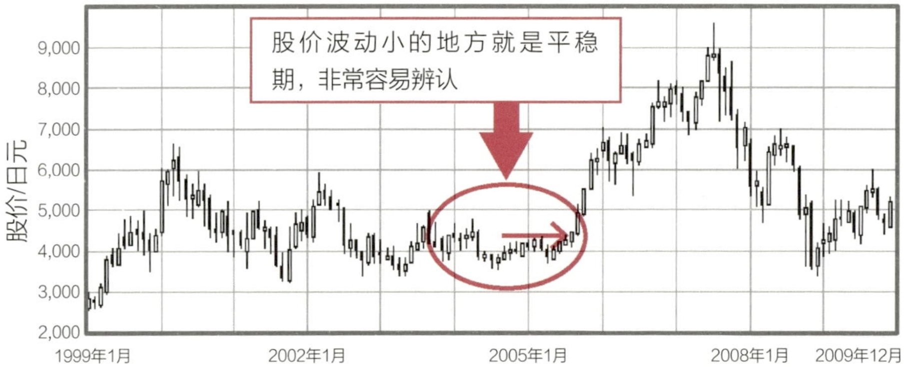

图1–10　信越化学的月K线

从图1–11电装公司的月K线来看，投资人的进场时间应该选在平稳期后陡升的A点，如果你买在刷新史上最高价的B点就太晚了。此外，从后见之明来看，投资人若能买在C点当然最好，但在现实中，你不该买在C点，因为说不定它还会继续下跌，或是需要好长一段时间才会涨上去。

三个不同买点，哪一个最好？

图1–11　电装公司的月K线

这就是要买在稳定后陡升位置的理由，了解了这条规则背后的道理，投资时你就会对自己的决定更有信心。

请想象有一艘潜水艇在水里朝天空发射飞弹。站在地面上的我们要等到飞弹射出水面，才会发觉它的存在，但其实飞弹在水中早就已经发射了。拿股价来比喻的话，水面就是史上最高价（所有的投资人都察觉到了），而潜水艇的发射处就是稳定后陡升的高点（此时进场等于比别人早一步买到飙股）。

升破史上最高价的股票是真正的飙股，这种股票一定要买；但想要比别人早一步抓住先机，就要学会判断稳定后陡升的K线长相（我在第六章第二节会进一步说明碰到低价位的稳定后陡升该如何因应，请一并参考）。

稳定后陡升，就是飙股的起涨点

稳定后陡升是令投资者最安心的买点。一般而言，股价总是会上下波动，如果买在波段高点，之后股价就会下跌；而史上最高价就是上升波段的最高点。

我们在上一节介绍过苹果公司，图1-12是苹果公司2000—2005年的月K线图。如果你买在突破2000年历史新高的价位，从图上看，大约3个月后你就应该停损了。在这之前，苹果的股价几乎每个月都开出阳线（上涨），所以随时出现微幅下跌的状况一点也不稀奇。

最好的买股时机是脱离两个红色圈圈的位置，也就是脱离平稳期

脱离平稳期，就是飙股的起涨点

注：红色圈起来的位置，分别是2003年与2005年的平稳期。

图1-12　苹果公司的月K线

后。错过2003年第一次平稳期的投资者在2005年还有一次进场的机会。这两个买点都是脱离平稳期后立刻大涨（2005年以后的图碍于篇幅只好割爱，但之后苹果的股价飙涨了14倍）。

为什么股价走势会形成平稳期呢？基本上，股价的波动反映了企业的经营成绩，但通常不会如实反映。投资者的反应有时比企业的经营成绩强烈，有时比企业的经营成绩微弱，有时提早，有时落后；当然，有时也会陷入胶着状态，这种状态就是平稳期。

如图1–13所示，最好的买股时机位于虚线（代表如实反映企业获利的股价）下方，因为虚线下方的股价都会在近期内反弹回升，而且平稳期的股价也落在虚线下方，相对来说比较便宜。

买在相对便宜但会飙涨的位置，投资人最安心

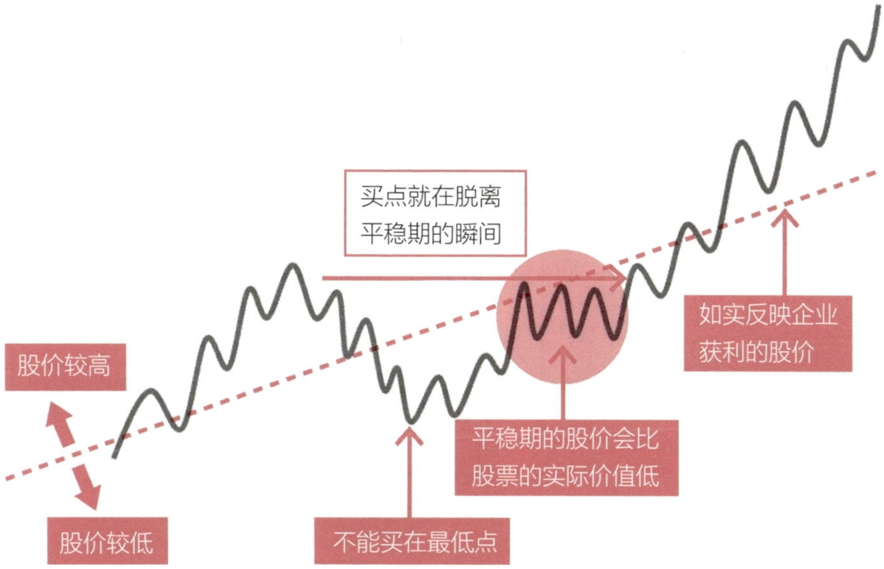

注：实线表示股价的走势波动，虚线表示如实反映企业获利的股价。

图1–13　苹果与微软的月K线

每个投资者都想买在谷底，但在实际操作中，没有人知道股价下跌到底是反映企业的真实价值，还是市场的过度反应，连企业经营者看到股价疲软，都会担心："难道未来产品需求会下降吗？"而有时，他的担心刚好就成真了。

股价是否真的跌到谷底，投资者可利用技术分析窥知一二，但技术分析还是无法判断这是长期谷底（即将反转），还是短期谷底（继续震荡走跌）。

例如相对强弱指标RSI，是用价格的升降来比较某只个股相对于整个市场的强度。当RSI数值降到30以下，代表投资者可以卖出持股。可是在图1-14里，野村证券的长期谷底和短期谷底的RSI数值一模一样，可见光靠RSI，投资者无法判断这只股票接下来的走势会如何。

技术分析看不出股价会不会继续落底

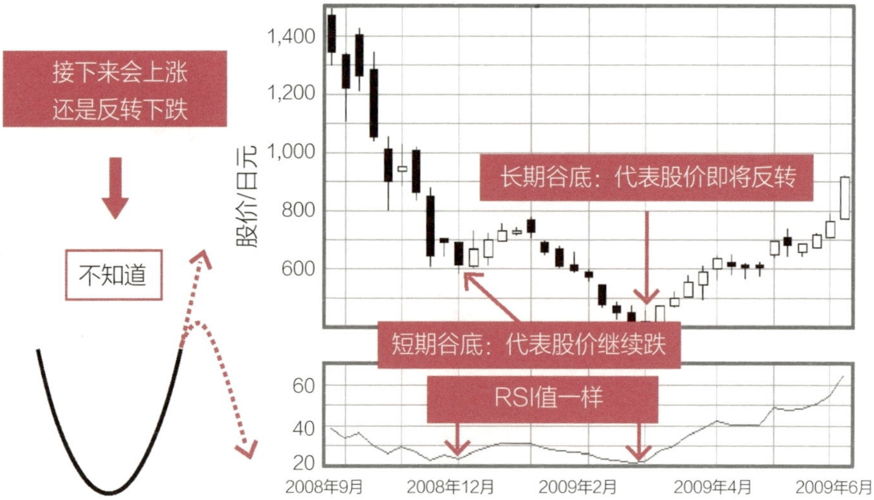

图1-14　野村证券的周K线

有些股票进入平稳期后，即使每季出炉的财报数据都很亮眼，股价却不动如山；而且就算接下来几季的财报数据同样漂亮，股价还是纹丝不动，直到某一天，投资者仿佛全醒过来了，股价便突然一飞冲天。

例如日本建筑公司新兴PlanTech，请看图1-15中的平稳期（红色网底部分）及这段时间的获利表现，平均来说，新兴PlanTech各季的经常利益成长率都在100%（2倍）以上，但股价却没什么动静。然而它的股价一创新高，吸引了投资人的关注后，便立刻一飞冲天。理论上来说，获利成长1倍，股价应该也要成长1倍，但直到它创新高价后，这只股票才迅速飙升了2倍（从800日元飙升到1,800日元）。

即使获利成长，股价仍维持在平稳期

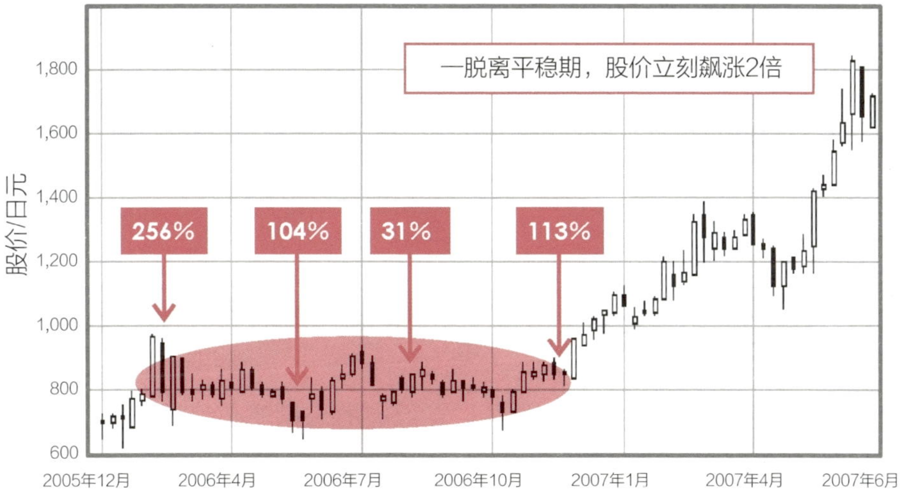

注：图中的%为当季财报的经常利益成长率（与上年同期相比）。

图1-15　建筑公司新兴PlanTech的周K线

2011年日本“3·11”大地震后，营建股无不开出红盘，因为日本政府投入的复兴预算是以兆为单位的。照理来说，营建股的股价应该应声上涨，但请看图1–16，这只营建股应声下跌后，进入了数个月的平稳期——此时最好的买点，就是刚脱离平稳期的时候。

地震概念股进入平稳期

图1–16　间组建筑公司的周K线

二、确认是否符合平稳期的三个条件

平稳期该怎么看？请见图1–17，漂亮的平稳期必须符合以下三个条件：

（1）时间：6个月以上。

（2）范围：平稳期的高价与低价之间的幅度，称作“范围”。例

平稳期的三个条件

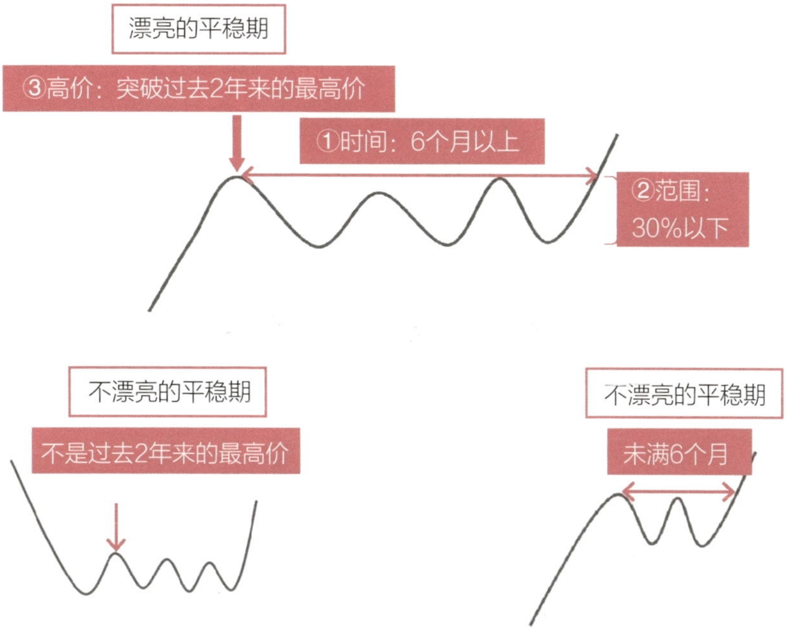

图1-17　平稳期的三个条件

如在平稳期，高价是1,000元，低价是800元，那么范围就是20%。计算时，通常采取发生在高价之后的低价。计算公式为：

$$范围=(1-\frac{低价}{高价})\times 100\%$$

（3）平稳期最高价的位置：平稳期的最高价位置，必须至少跟2年前的高价一样，假设只达到过去1年以内的高价位置，则累积的上涨能量不足，很难出现暴涨情况。

漂亮的平稳期范围的形状和铅笔一样细长，长度（时间）愈长、幅度（范围）愈小，脱离平稳期后暴涨的机会愈大，其中尤以“范围”影响最大。当范围超过30%时，买进的风险会增加；反之，若范围在15%以内，暴涨的可能性就很高。

我们来看看判断是否符合平稳期三个条件的几个例子。首先请看图1-18红色网底的地方。从形状来看，东芝电力公司并未形成真正的平稳期，因为它的范围很大，而且股价只是回到原本的高点，并非创新高价。买进这种股票，成功率通常很低。

没"涨"相的平稳期：幅度太大、不够细长

图1-18　东芝电力公司的月K线

而在图1-19及图1-20里，三菱重工与野村证券这两家公司的起涨时间差不多，但是平稳期较长的三菱重工，比起平稳期偏短的野村证券，股价上升幅度要高出许多。这两张K线图显示，它们几乎是同时期进入上涨轨道的。理论上来说，它们从市场接收到的上涨能量应该也是相同的，结果在涨幅上却出现较大差异，可见"飙涨前的宁静"持续愈久，

平稳期愈长，股价涨幅愈大

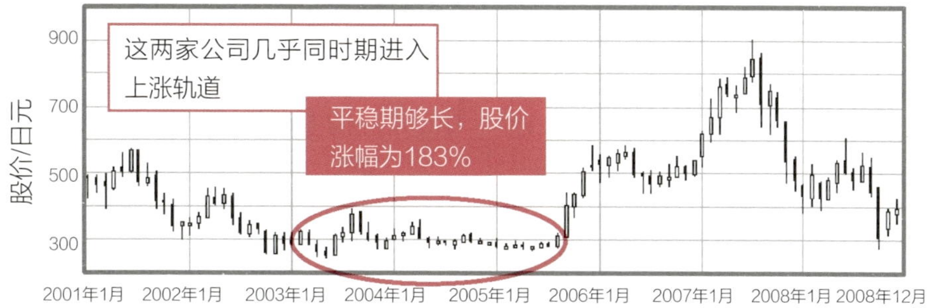

图1-19　三菱重工的月K线

图1-20　野村证券的月K线

飙涨的潜力便愈大。

图1-21及图1-22是两家生产学名药的大厂的月K线图，我们来看它们各自的平稳期。东和药品的范围是28%，差一点就超过30%了；相较之下，泽井药品的范围只有14%就非常理想。果然，之后泽井药品股价的涨幅较大。

如果范围太大，股价脱离平稳期后，飙涨概率会降低很多。请见图1-23，日本食品制造商味之素的范围长达15年都维持在40%～50%之间，平稳期不够平稳，即便股价三度创新高，也是假的买进信号。

范围愈小，上涨机会愈大

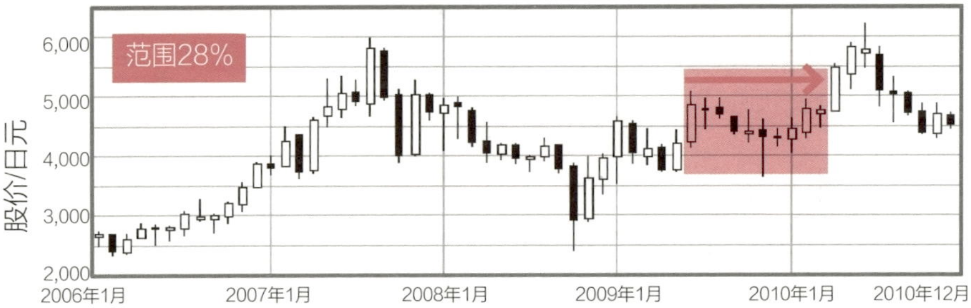

图1-21　东和药品的月K线

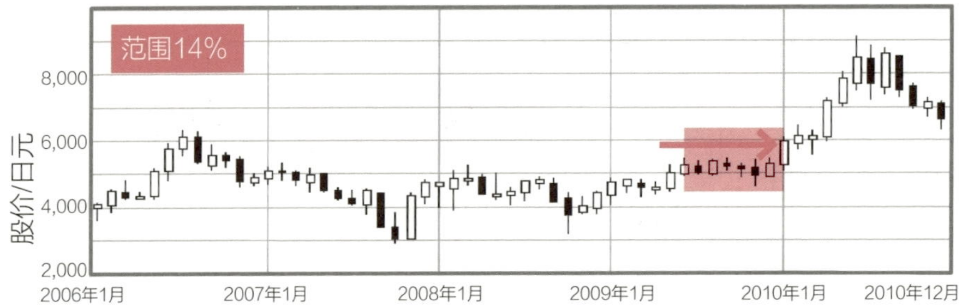

图1-22　泽井药品的月K线

平稳期不够平稳，就算创新高价也不能买

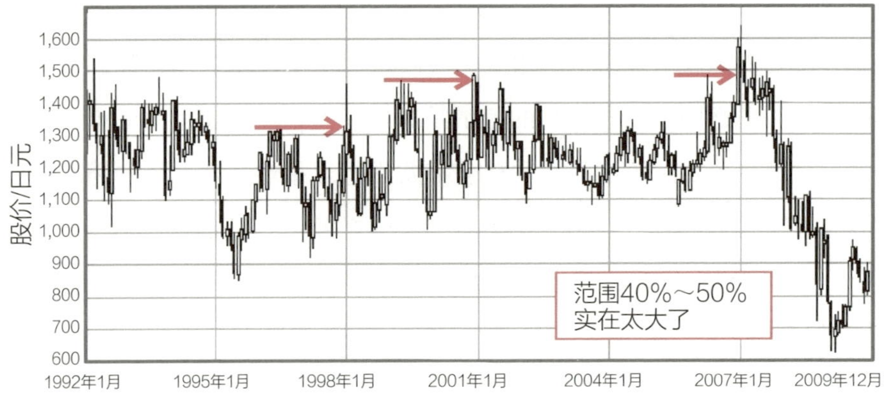

注：“→”所指的是假的买进信号。

图1-23　味之素的月K线

平稳期后，突破近期高价是买点

不过，要注意，有些公司K线范围大是因为业绩快速成长。通常业绩快速成长的新兴企业，幅度会比较大，这种情况就像温度（业绩）愈高，分子（股价）就会愈活跃一样。

图1-24及图1-25是日本社群游戏公司 GREE和东利多（大型餐饮连锁店，旗下品牌包括丸亀制面）的周K线图，这两家企业在平稳期，范围分别是35%和36%。GREE最近一季的营收成长245%、获利成长183%（上年同期它刚挂牌上市，无法比较）。东利多的前两季、前

快速成长型企业的范围较大

图1-24 日本社群游戏公司GREE的周K线

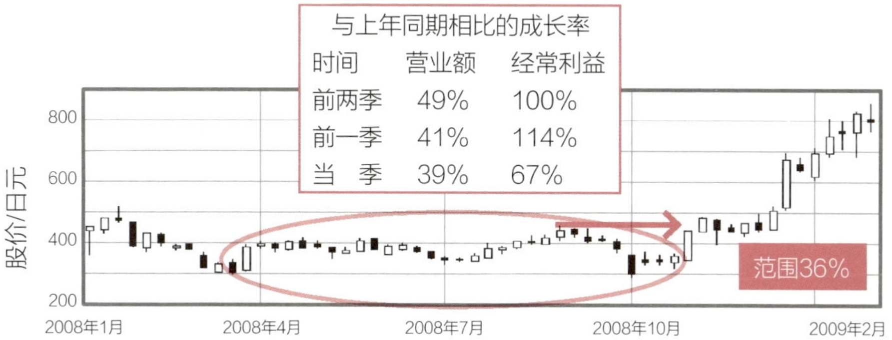

图1-25 东利多的周K线

一季及当季，获利分别成长了100%、114%、67%，成长幅度也相当惊人。

另一个要注意的是，如果只是买在脱离平稳期，那只是买在飙涨的初期，能买在飙涨初期固然很好，但其实还有让投资绩效更漂亮的买点。

请见图1-26，皮球刚落地时反弹幅度最大，之后就会逐渐缩小；平稳期的形状也差不多是这样。当我们说平稳期的范围要像铅笔一样细长时，感觉每个波动的上下范围似乎是差不多的，但实际上，K线图每次的波动范围都不一样，遇到这种情况，只要记住一个原则即可：在平稳期之后，突破近期高价的位置，就是最佳买点。

平稳期就像皮球，范围会逐渐缩小

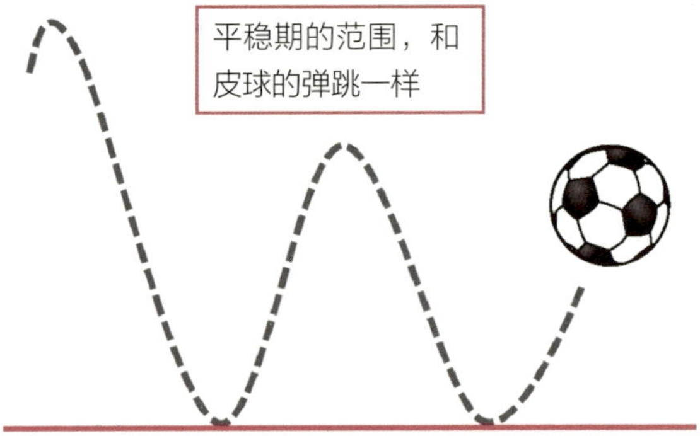

图1-26　平稳期曲线图

当平稳期不止一个时，选范围最小的

虽说平稳期的股价波动幅度会愈来愈小，但实际上最常见的K线模式，是由两个较大的波动组成的。请见图1-27、图1-28，图里以红色圈

两个平稳期，以范围最小的来找买点

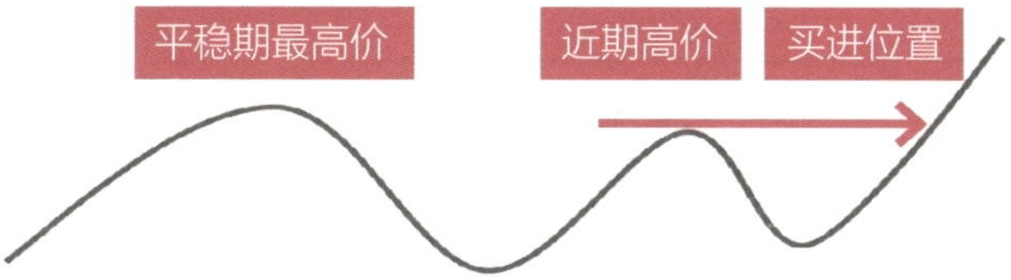

图1–27　两个平稳期曲线图

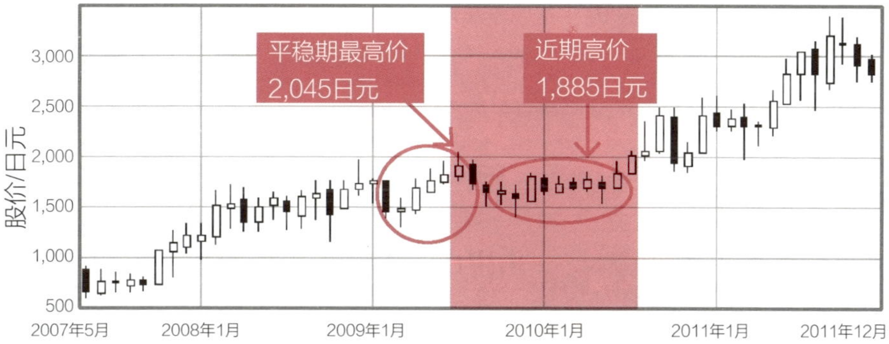

注：1. 价格 .COM是一家日本电子商务公司，旗下有两个部门：网络媒体部门——主要提供个人电脑、家电等价格信息；财务部门——主要提供互联网金融服务，包括外汇保证金交易及寿险与非寿险保险的代理业务。

2. 图1–32即为本图显示红色网底部分的周K线图。

图1–28　价格.COM的月K线

起来的第二段波动幅度较小，所以股价突破近期高价时就是买点，此时比起买在平稳期最高价会便宜9%。

此外，也有股票像图1–29一样，有三个平稳期。在这种状况下，通常第一个、第二个范围较大，其实这不太符合平稳期的定义，但到了第三个，范围就会缩减到理想的14%。

只有一个例外比较麻烦，请见图1–30及图1–31。它的第二个平稳期范围也很小，但股价的位置却高出一些。在第一个平稳期结束时，投资

三个平稳期，一样选范围最小的

图1-29　眼镜连锁企业Jin公司的月K线与周K线

例外：第二个平稳期范围较大

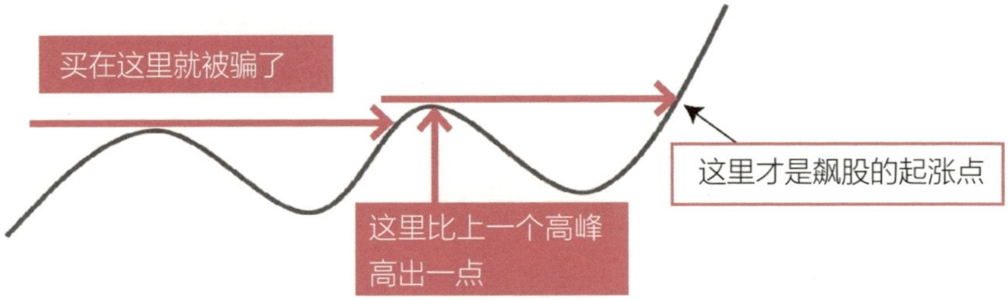

图1-30

图1-31　三菱材料的月K线

者会以为它即将进入上涨轨道而买进，但后来却下跌，这才发现是假的买进信号，不得已只好停损（在跌破近期高点时卖出）。如果遇到这种情况，你必须在第二次的平稳期重新进场。

第二个平稳期的买价比第一次波动还要高，而且才刚脱手就发现又涨了，此时你很容易动摇："怎么变得那么贵？"或是后悔："早知道就不要卖。"你必须克服这种心理，否则无法从大涨行情中获利。

只要照着我的方式操作股票，你渐渐就会了解："以淡定的心态按照规则投资，才是获利的最佳途径。"虽然第二个平稳期价位较高的例子比较少见，但还是请各位记住这种例外的应对策略。

务必要买在突破近期新高价的位置

买在平稳期后、突破近期新高价位置，可以大大降低投资的风险，因为我们对股价的预测，不可能细到连每日的行情都能估算出来，即使大盘处在上升行情，投资者还是经常会遇到股价下跌5%～10%的情况。

假设你买了一只飙股，它的价格早已翻倍，那么就算现在下跌

10%，你可能也会觉得："行情本来就有涨有跌，没什么好担心的，就继续抱着吧。"然后放心地继续持有。但要是你今天刚下单的股票，隔天立刻下跌5%～10%，你可能就会开始担心："这只股票是不是买错了？"并且怀疑自己是否判断错误。

图1–32就是典型的案例。这是取自图1–28红色网底部分放大的周K线图。请注意，在刚刚突破平稳期高价的那一周，开出了一条阴线，股价整整下跌了一个星期。如果你在此时进场，股价会随即下跌7%。

买在突破近期新高价的位置，比较安全

注：价格 .COM的月K线图请见图1–28。

图1–32　价格.COM的周K线

看到刚相中的股票股价一口气下挫7%，我想很多人一定会狼狈地认赔杀出；有些人即便没有立刻卖，但看到刚买的股票当周就跌得这么惨，

也会怀疑自己的判断，或是打算等股价一回升到买价后就立刻脱手。因此，与其买在脱离平稳期，不如选择买在突破近期新高价的位置，就不用冒这种风险。因为当股价开始飙涨时，就不会出现忽涨忽跌的情况。

三、从基本面检查业绩（营业额+获利）

平稳期的形状愈狭长，股价上涨的概率确实愈高，但投资的时候不能光靠股价走势图判断，还必须从基本面检查它是否已经蓄积了足够的飙涨能量。这时，我们只需看它过去二至三季的业绩即可。

规则如下：

> 过去二至三季（与上年同期相比）
> 营业额成长10%
> 以上经常利益（台股为税后纯益）成长20%以上

一定要看清楚你选的股票是否达到上述标准，如果没有达标，那么不管它的K线图看起来多有飙涨潜力，你都必须淘汰。

以图1–33的近儿车辆为例，它的业绩好到不能再好了。如果依照美式的K线分析法，会把平稳期的后半部分解释为“杯状带柄形态”［由《笑傲股市》作者威廉·欧奈尔（William J.O’Neil）提出，他认为当股票出现一段升势后，就会整理筑底，构造杯状带柄形态；等到股价确定突破，就是飙涨的开始］，但我认为更好的理解方式是，把这里看成三个平稳期，而且范围愈来愈小。

相对地，图1–34就是基本面不好的例子。因经常利益连续两季衰退，股价没有理由上涨。看图1–34就知道，住生活集团的股价脱离平稳

务必检查营业额与获利的成长率

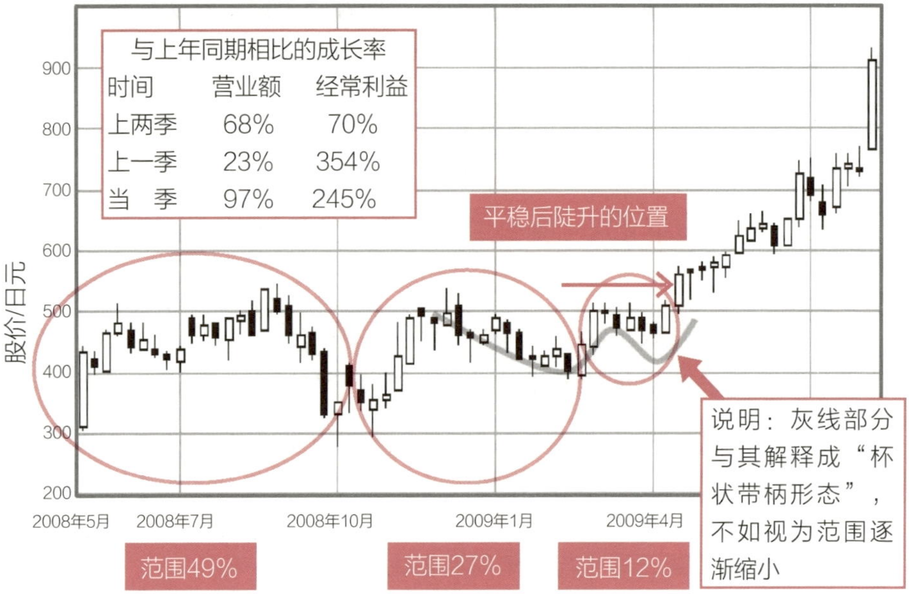

图1-33　近几车辆的周K线

基本面不够优，股价不会飙涨

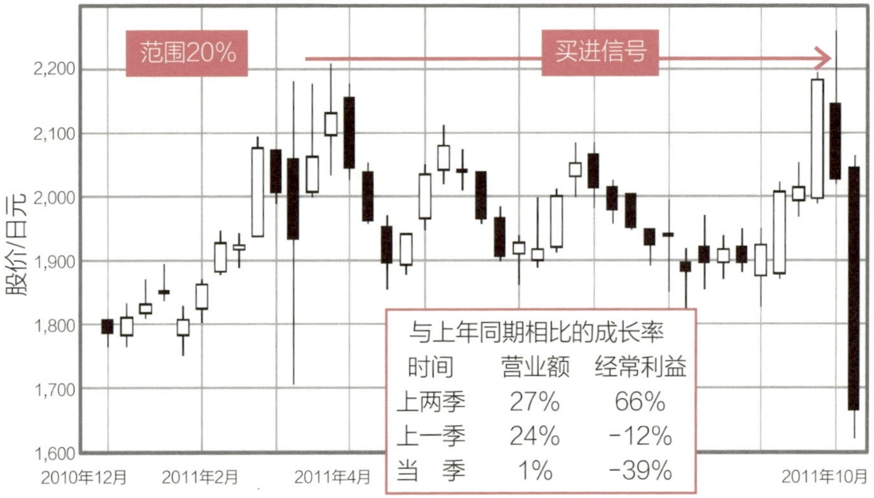

图1-34　住生活集团的周K线

期后，只上涨了一天，就直接跳水（指股价迅速下滑，而且幅度很大，超过前一个交易日的最低价很多）了。

或许有人认为：“还要一一检查每季业绩，太麻烦了。”实际上，股价能够创近年新高的股票的数量并不多，因此我认为不管怎么忙碌，这个检查步骤千万不能省略。

根据我30年的投资经验，最令人安心的选股方式就是买在平稳期后陡升的位置。过去很少有投资人发现，原来市场允许股票飙出前所未见的高价，而且还很容易分辨；但现在，只要精通在股价突破近期新高时买进这个投资模式，你就能从K线图中找出飙股的长相；唯有通过基本面检验的个股，才能往下一个步骤迈进。

投资小叮咛

日本财报上的“经常利益”，是税前纯益扣掉企业所得税、国民所得税和营利所得税后的金额，又称为“继续营业单位净利”，实际上相当于中国公司财报上的“税后纯益/税后净利润”；而日本财报上的“税后纯益”，则是经常利益再扣除非常损益、停业部门损益后的净利。

第二章

三种巨大转变，让企业变得很赚钱

第一节 搭上时代潮流的顺风车

获利重点：从过去的范例，看出未来的潮流。

重要度：★★★

不管在学界、体育界、商界或任何领域，比较容易获得赞赏的，几乎都是表现稳定、成绩优秀的人，因为他们给人一种可信赖的感觉；但股市正好相反，表现稳定、成绩优秀的企业，未必是好的投资标的，投资者不能因为“公司表现稳定”“产品有品牌保证”而买进。好比丰田汽车是全球知名品牌，但这不足以构成我们购买这只股票的理由。

投资股票的重点，是企业获利成长，而且必须是非常显著的成长，这就是吉姆·罗杰斯告诉我的“巨大转变”——选股时，我们看的是它将来还有没有继续茁壮发展的潜力。

例如那些原来吊车尾，后来却逐渐进步，最终迎头赶上其他竞争对手的公司，就是极具魅力的投资对象。航空业的例子有天马航空。天马在日本航空业虽然排名第三，但是营业额只有全日空的6%，几乎没有存在感。然而，当日本第一大航空公司日本航空破产时，受益最多的反而是天马（当时上市的航空公司只有日本航空、全日空和天马航空3家而已）。

日航停飞后，原本的航线被全日空和天马接收，但因这两家公司规模悬殊，所以相较之下，当然是天马航空受益最多。请见图2-1，日本航空于2010年1月破产，之后的三季度，日本航空旅客数（以旅客里程数来计算）衰退了21%，天马航空却成长了6%。半年后，根据2010年6月的财报，日本航空的营业额衰退了9%，天马航空却成长了18%。股价方面，天马航空的股价在7月创下新高，之后半年的股价更是飙涨3倍，相较之下，全日空几乎没有上涨。

日本航空破产，天马航空股价飙涨3倍

时间	经常利益 / 百万日元		营业额成长率	日航旅客数
	当年	上年		
2009年12月	255	-1,424	-3%	-16%
2010年3月	680	1,459	6%	-21%
2010年6月	964	-426	18%	-9%

说明：日航旅客数为旅客里程数。

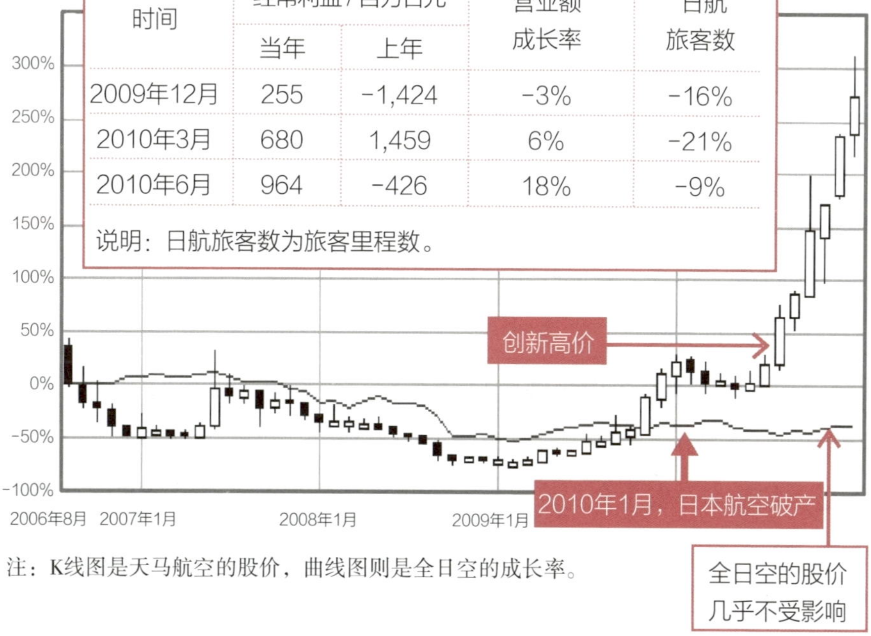

注：K线图是天马航空的股价，曲线图则是全日空的成长率。

图2-1　天马航空的月K线

企业发生巨大转变的三大指标

本章的重点是分析企业未来的基本面，但尽量不使用“基本面”这种说法，因为一听到“基本面”，通常会想到分析财报数据，而本章出

现数据的地方非常少。

现代社会日新月异，每几十年就会出现一次大变迁，而社会变迁会为不同的企业带来巨大转变，使得某些企业的获利呈现飞跃式成长。分析基本面就是为了分析一家公司是否将产生巨大转变，一家公司如果没有发生巨大转变，就不值得投资。

好比天马航空的巨大转变，就是来自日本航空破产。在航空产业萧条之际，日本航空破产了，这对天马航空来说是千载难逢的好机会。因此，一家公司的基本面，最重要的是看其有无巨大转变，至于库存是否减少、获利率是否提升等细枝末节，根本不用理会。

要想学会分析巨大转变，最快的捷径是多看过去发生过的案例，这就像参加公务员的资格考试要多看真题一样，投资者多分析过去哪些企业发生过巨大转变，就能找出脱胎换骨的明日之星，因此，请各位务必多分析过去的案例。

你可以先从公司提供的“投资者关系”（指上市公司与投资者之间的关系，上市企业多半设有投资人关系部门，负责企业与资本市场的沟通，包括举办发布会、统整发布公司重大资讯等，这类公司的官网也大多设有“投资者关系”专门网页）情报着手，因为公司如果发生巨大转变，一定会向投资者说明，所以浏览各家企业的投资者关系情报非常重要。

如图2–2所示，公司产生巨大转变的主要因素有三个：

（1）搭上时代潮流的顺风车。

（2）独占型企业，市场通吃。

（3）受惠于政府政策。

接下来，我会在本章一一说明这三大指标，这些指标都表示社会潜

公司产生巨大转变的三大指标

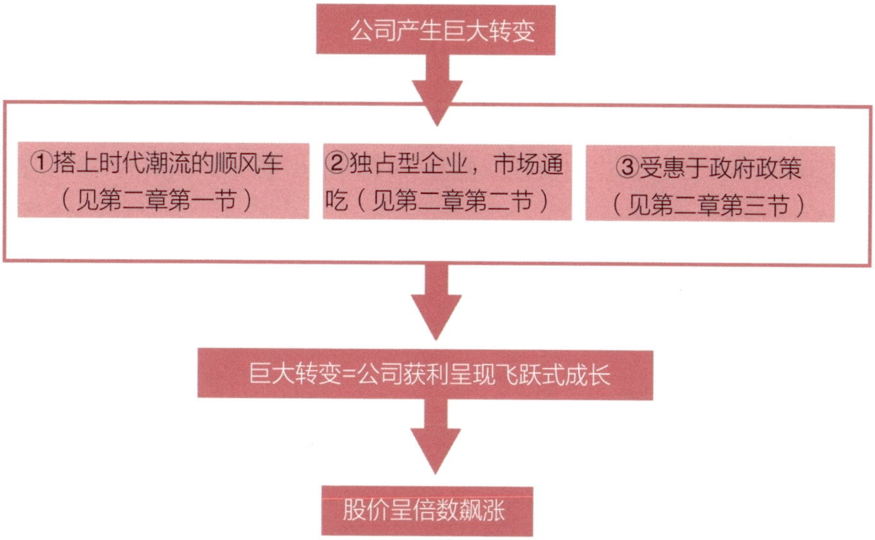

图2-2　公司产生巨大转变的三大指标

藏着巨大转变，唯有揭开这层面纱，才能比别人快一步看出飙股。本节会先说明搭上时代潮流顺风车的公司，这是最典型的成长型股票模式。

要投资时代潮流，而非一时热潮

所谓时代潮流，是指一旦发生、条件确立，就不再轻易改变的社会现象。例如不管未来日本的经济好坏，人口老龄化都是无法避免的时代趋势，随之而来的医疗费、药品费增加，这是时代潮流的一部分。

时代潮流的极端对比，就是热潮。例如服装或饰品、烧酒或蔬果汁等，这些商品即使能掀起一时的热潮，也总有一天会消退，只是没有人知道那是什么时候。投资这类企业的股票，失败率通常很高，千万要小心。

举例来说，日本曾经非常流行豪宅婚礼。过去新人举办婚宴都会选在婚宴会馆或饭店、餐厅，结果有从业者想出新噱头，干脆租赁独栋豪宅一整天，而且一天只接受一组客人预订。这种方式不仅豪华气派，还能悠闲地举行自己喜欢的仪式或婚宴，才刚推出就立下不错的口碑，博得很高的人气。

不过，我以投资者的眼光来看，觉得这个行业有一个问题，就是单价太高了。租赁一整栋豪宅、一次只限一组客人独享大坪数面积，价格当然比饭店贵上许多。更令人质疑的是，在豪宅举行婚礼，就能办出有个人特色的结婚仪式吗?

以我过去出席婚礼的经验，令人印象较深刻的往往是新郎与新娘动人的誓词，或是新郎的父亲对失去双亲的新娘献上温暖的关怀等，但绝不会对会场的豪华程度、装潢、音乐或餐点留下多少印象，因此，我判断豪宅婚礼只是一时热潮。

我们来看这个行业中规模最大的TAKE AND GIVE.NEEDS公司的股价，假设你一开始就买这只股票，并且卖在最高点，将可获得20倍的报酬，因此有人懊恼，认为当初应该多买一些才对，而且这家公司在2003年3月至2007年3月的业绩表现不俗，营业额成长72%，税后纯益也成长了103%。

但它的股价最后还是下跌了99%，于2008年3月产生大幅亏损。投资这种股票真正的问题是：我们不知道热潮何时会消退，说不定热潮会在更早的时候消退。

时代潮流和热潮不同，它一旦出现，就会长时间存在。目前日本正在发生的时代潮流，大抵有三波：

※节能环保。

※受惠于降低成本的需求（包括企业与消费者）。

※受惠于新兴国家的崛起。

受惠于这几波潮流的企业，就是我们的投资重点，以下我将针对这三波时代潮流举例说明。

一、节能环保

首先，投资者该如何寻找与环保相关的时代潮流股？环保是一股很强的趋势，许多公司都针对环保提出经营方针，但如果环保本身不是该公司的事业基础，就没有投资的意义。

例如丰田汽车的环保节能车卖得很好，好到几乎来不及生产出货，但我们不能因为环保节能车卖得好，就买它的股票。因为丰田汽车整体的营业额及获利，还是有很大的占比来自传统车种。不过，如果某家企业的营收与获利主要来自环保节能产品，就肯定还有很大的成长空间。

二手书店也符合环保概念。过去一提到二手书店，大部分人都会联想到老板坐在昏暗小店的深处专心读书的画面，但Book Off（见图2–3）打破了这种印象（Book Off 明亮的装潢与店面规模足以媲美大型连锁书店），他们为消费者塑造了一种新观念：如果一本书只读一次，就没必要买新书，买二手书只需付新书八折以下的价格，而且读完还能卖回给Book Off，非常划算。

把书卖回给 Book Off的价格虽然不高，但能让消费者觉得“替这本

搭上时代潮流，股价一年翻涨3倍

图2–3　二手书店连锁企业Book Off的周K线

书找到下一个主人”会对环保有所贡献。这家书店的书平均单价不到200日元，而且据说卖书的人通常会顺手再买一本。Book Off刚挂牌上市就形成股价平稳期，至于范围高达30%是因为它属于新兴企业。

选飙股，要记得四个顺序

我在本章会列举大量发生巨大转变的范例，但在此之前，我必须说清楚一个重要规则，请你一定要记住，在判断一只股票能否买入时，要依照以下的优先顺序：

（1）是否发生巨大转变？

（2）过去二、三季度的业绩（获利+营业额）如何？

（3）股价是否创下新高？

（4）K线是否形成平稳期？

我的意思不是股票必须满足这四个条件才能投资，事实上，很少有股票能同时满足这四个条件，但你必须按照上述的优先顺序来筛选股票。本书末的检核表，就是依照这个顺序设计的。

首先确认是否发生巨大转变，再就是检查近期业绩，其中获利比营业额更重要，接着要看股价是否创下新高，最后判断K线是否有稳定后陡升的形状。

言归正传，在环保事业中，工业废弃物的减量与有效的再利用是最具代表性的类别。过去处理工业废弃物的做法，不外乎脱水、干燥、焚毁、中和、粉碎，然后掩埋，而大石公司的做法是从废弃物中提炼出重油与水泥原料，使废弃物大幅减量。

以往许多不良厂商为了节省成本，违法丢弃废弃物，但随着政府相关单位的监督日趋严密，处理废弃物的需求持续增加。

请见图2–4，大石公司2007年的股价虽然原地踏步，但K线没有形成平稳期（股价必须在2,000～2,400日元的范围内波动，才能算是平稳期）。即使如此，它近期的业绩几乎符合条件，股价也确实创下新高。既然它已满足（1）（2）（3）的条件，没道理不买。

接着，请看图2–4中红色线圈起来的部分，可以想见有投资人会选择在这个时间点进场。大石公司在2005—2006年间股价上涨了1倍，这当中当然不会出现创新高价或形成平稳期；换句话说，它在这段时间虽然满足了（1）和（2）的条件，但并未满足（3）和（4）的条件。虽然本书秉持着不符合技术分析就淘汰的原则，但重视基本面的投资者看到这样的条件后，大概都会买进吧。

我不是要求你一定要等到脱离平稳期、创新高价才进场，我的意思是选在此时进场最容易成功。如果你买在2007年中创新高价的位置，一

创新环保技术，股价飙涨5倍

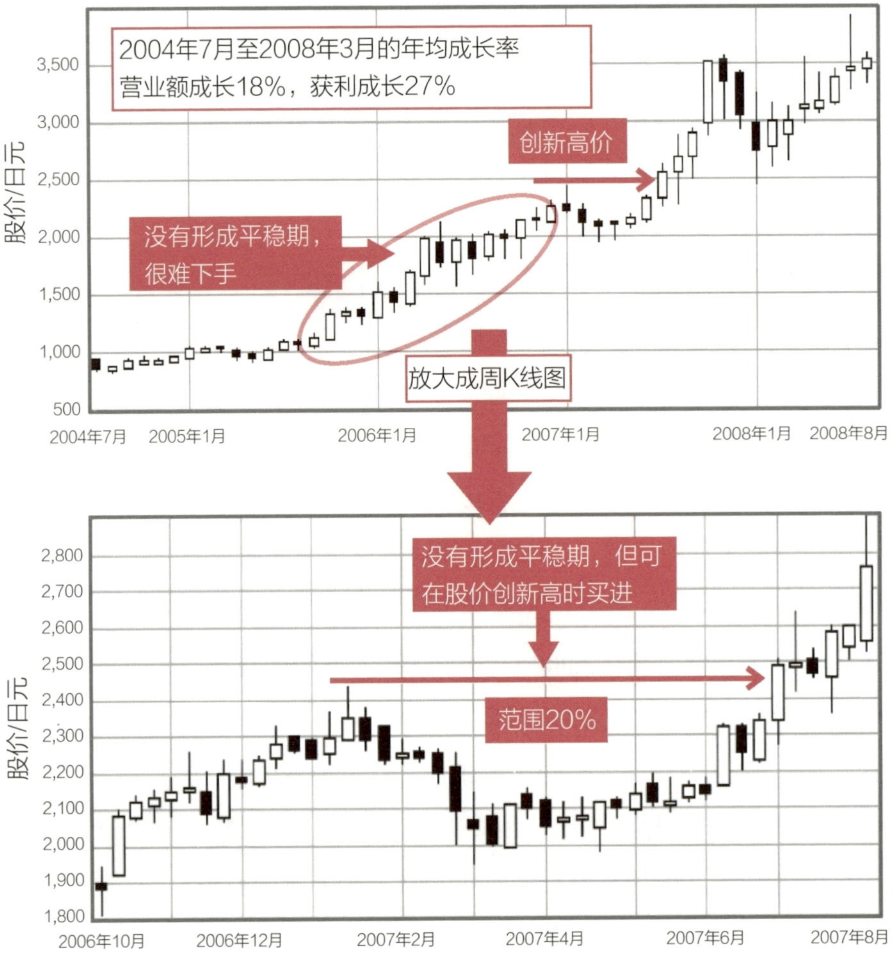

创新高价时的业绩成长率（与上年同期相比）

时间	营业额	获利
6个月前	22%	36%
3个月前	22%	19%
当　　季	20%	23%

图2-4　大石公司的月K线与周K线

定能了解它的魅力。

不过，如果个股符合了（2）（3）（4）却不符合（1）的条件，最好不要买。此外，即使某只股票看得到创新高价、脱离平稳期，但近期二至三季度的业绩（尤其是最近3个月的业绩）不好，也最好先别碰。

判断条件的优先顺序很重要，请大家一定要记住。

二、受惠于降低成本的需求

无论在任何时代，降低成本都是企业非常重要的课题，尤其在经济成长率低迷不振时，企业要想增加获利，能否成功降低成本愈来愈重要。如同制造业在降低成本时，是以1日元为单位来努力的，零售业者对于降低成本也是绞尽脑汁。

零售业的经营核心是决定要贩售怎样的产品、在哪里贩售、定价多少；也就是说，对零售业来说，最重要的业务是店面的地段、装潢、产品采购、定价、掌握畅销产品、陈列、顾客应对等，至于掌握库存和架上商品、店内清洁等，则是比较次要的业务。

爱捷是是日本市占率第一的专业盘点公司，日本八成以上的大型超市、连锁超市都是其客户。你只要看过爱捷是员工盘点时的样子，就会恍然大悟，零售业者让自家员工进行盘点工作是多愚蠢的一件事，因为付加班费请盘点门外汉的自家员工进行盘点，成本反而比外包给爱捷是还要高。于是，从1998年3月到2008年3月， 爱捷是的经常利益成长27%，股价也飙涨了16倍。

零售业除了把盘点业务外包外，把物流业务外包的风气也愈来愈盛。把物流交给协力厂商后，零售业者就不必花钱建立货车车队与物流中心，而且受托的业者不但提供运输与保管服务，连合理的库存管理、收发订单、分类、打包都能替客户处理。

由于物流中心和货车运输是由同一业界的多位货主共用，所以可以大幅降低成本。这类事业的代表企业之一，就是 TRANCOM。请见图2-5，TRANCOM的股价从2002年开始飙涨，起涨点的2002年，一年就出现两次平稳期。第一次的创新高价失败（只突破平稳期高价，未创近期新高价），投资者必须停损，如同我们在第一章第二节里所说的，有些人停损之后再也不敢投资同一只股票，但这样往往会错过最好的投资机会。

受益于零售业降低成本需求的，还有派遣业者。在日本家电连锁龙头淀桥 CAMERA的门市，常可看见一些派遣业务员在向路人解说手机、数码相机等商品的功能。现代科技日新月异，产品的生命周期变得很短，在产品不断推陈出新的情况下，零售店的店员根本来不及学习新产品的知识。

Backs Group是一家提供促销派遣员的公司，他们会先在公司内部做好产品知识与推销技巧的教育训练，等接到电信业者或电器公司的委托后，再将业务员派送到各个零售门市执行业务，如此一来，零售业者就可以在不增加员工训练成本的情况下进行促销，制造商也可以不必自己养销售员，真是一石二鸟的生意。

从2002年3月至2006年3月，Backs Group的营业额增长了22%，经常利益年均成长58%，股价则是成长了100倍以上。

除了零售业想要降低成本，消费者也抱着能省1元钱就省1元钱的心态。过去消费者要比价，就得跑去每家店面查访价格，但价格 .COM出现后，消费者只要坐在家里，就能瞬间比较各家的售价。

价格.COM平均每个月的浏览人次，高达8亿次（统计到2012年5月底

受惠于降低成本需求，股价飙涨30倍

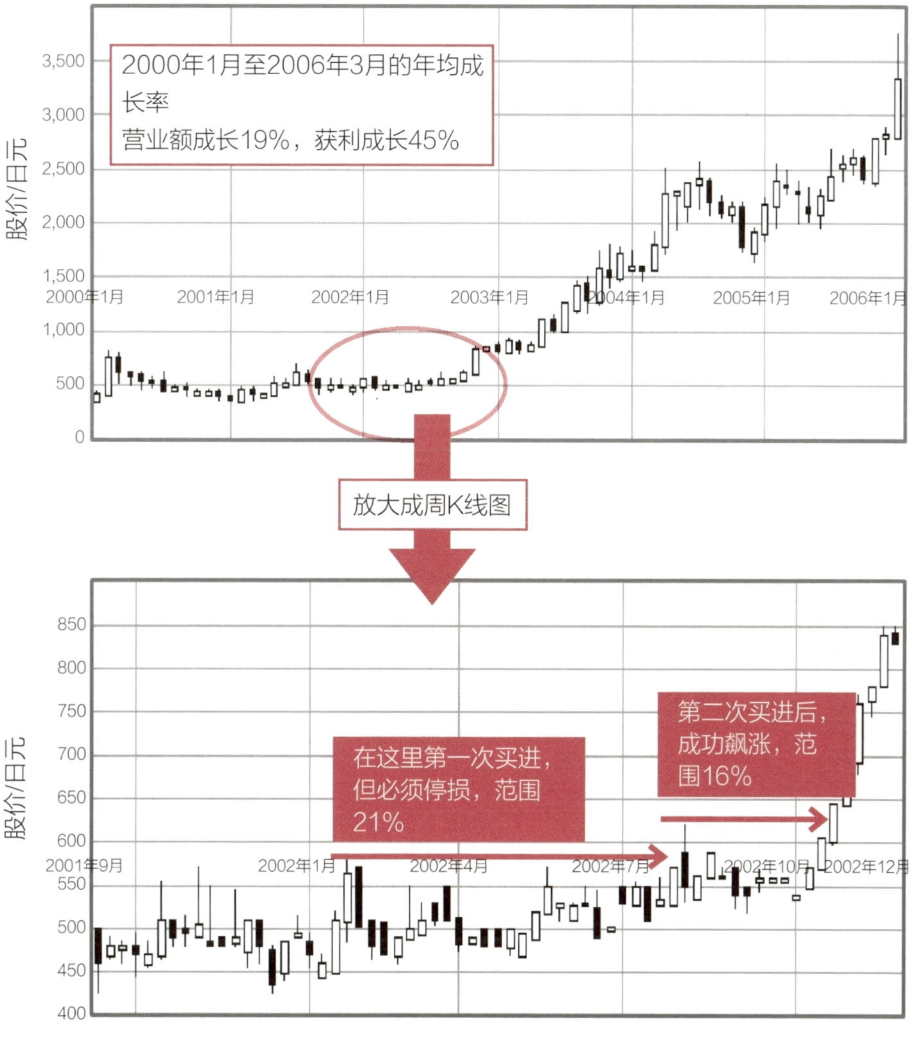

图2-5　TRANCOM的月K线与周K线

为止），这绝非拥有几家门市的零售业者所能达到的集客数。请见图2-6，尽管K线图上的平稳期很少，只有2005年和2010年两处而已，但价飙涨了6倍以上。

受惠于消费者比价需求，股价飙涨6倍以上

稳定后陡升时的业绩成长率（与上年同期相比）

时间	营业额	获利
6个月前	29%	34%
3个月前	36%	52%
当　季	30%	32%

图2-6　价格.COM的月K线与周K线

三、受惠于新兴国家的崛起

全球股市从2004年起齐步上涨，主因是新兴国家崛起，其中尤以中国对全世界的经济影响最大。

一个国家繁荣起来后，就开始盖高楼、建工厂、铺马路，中国也掀起一股基建热潮，为了盖大楼和工厂，对建筑机械的需求迅速升温，据说全球所有的建筑用起重机，现在一半以上都集中在上海。

日立建机的产品比中国的竞争对手的价格要贵上许多，即使是二手货价格也不低，但因为品质好，很受当地建筑业者欢迎。2001—2007年，日立建机的股价上涨了20倍，其竞争对手小松制作所（在日本重化工业器材制造公司中排名第一，世界排名则是第二）的股价也成长了12倍。

请见图2-7，日立建机在2004—2005年的平稳期中，出现了两次买进信号。第一次几乎还往上涨时就出现卖出信号（可见即使业绩漂亮，还是可能出现创新高价后就下跌的情况），第二次的买进信号就非常成功，虽然3个月前业绩衰退了，但近期业绩很不错，再加上6个月前、9个月前的业绩也很亮眼，综合以上判断，日立建机还是很有投资价值的。

此外，受惠于中国纤维工业（指以染色、缝纫等经过加工的纺织品）的蓬勃发展，卖纤维相关机械给中国的日本公司的业绩也蒸蒸日上，其中，津田驹工业的股价自2000年以来涨了12倍，缝纫机制造商JUKI（全球市占率第一）的股价上涨了12倍，针织机制造商岛精机的股价也涨了4倍。

中国对钢铁的需求也大幅增长，国际铁价因此上扬。新日本制铁（日本钢铁龙头之一）的股价因此涨了8倍，JFE控股（也是日本钢铁龙

受惠于中国崛起，股价上涨20倍

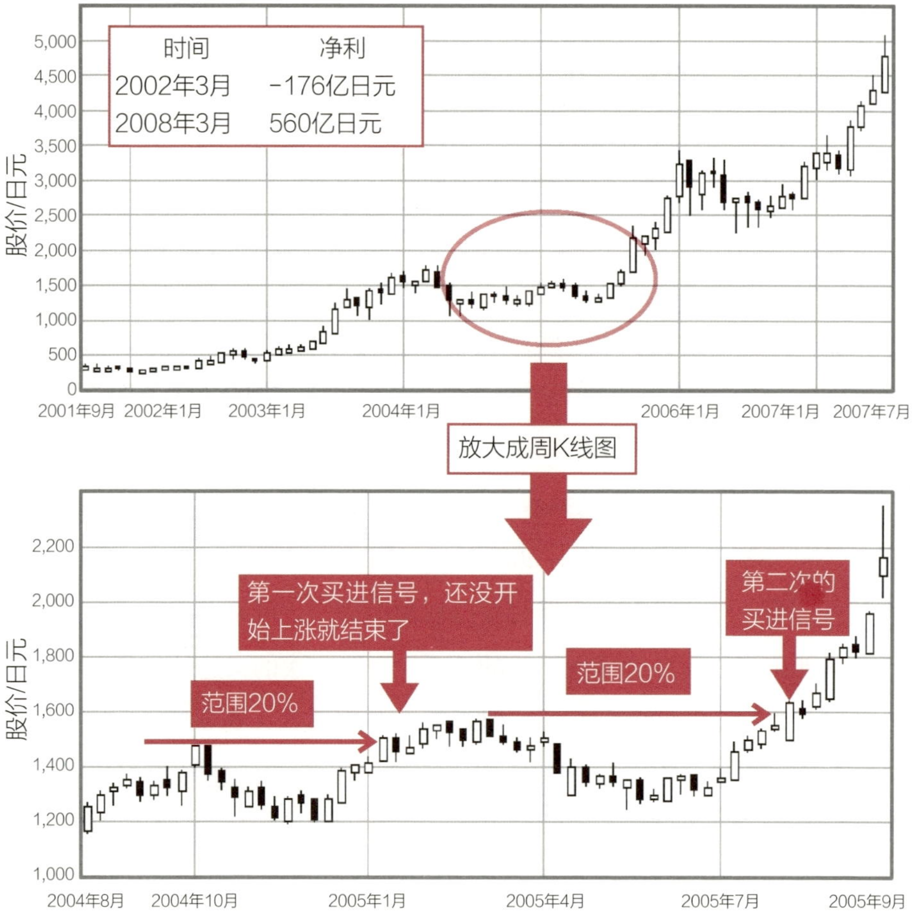

平稳期后陡升的业绩成长率（与上年同期相比）

时间	营业额	获利
6个月前	19%	95%
3个月前	19%	61%
当　季	2%	72%

平稳期后陡升的业绩成长率（与上年同期相比）

时间	营业额	获利
9个月前	2%	72%
6个月前	17%	59%
3个月前	9%	-25%
当　季	11%	33%

图2-7　日立建机的月K线与周K线

头之一）的股价涨了7倍。中国及其他新兴国家的崛起，除了使得国际钢铁价格大涨外，石油、贵金属、粮食作物等产品需求也大幅增长。日本经营石油、铁矿石相关产业的综合商社，如三菱商事和三井物产，股价都飙涨了5倍。

负责运输原物料的海运业也因此受惠，股价全都创下历史新高，如日本邮船公司（隶属于三菱集团）的股价飙涨4倍、商船三井（日本第一大海运公司，也是日本4家挤进《财富》杂志500强大企业的其中一家）的股价飙涨11倍、川崎汽船（日本前三大海运公司之一）的股价飙涨12倍。

投资股票和去公司上班最大的不同之处，就是随时都能赶上时代潮流。好比现在从事 IT技术工作的人一定担心自己的技术有一天可能会被市场淘汰，而以现在瞬息万变的速度，“那一天”想必很快就会到来，届时，这些技术人员不可能立刻换另一种工作，也不太可能很快就成为时尚设计师或基因医疗的研究人员。

但投资股票就没有这方面的问题，我们随时可以成为时下最流行行业的公司的股东。而且，投资还可以促进财富的累积，若是单从累积财富的角度来比较职场工作和投资工作的话，目前任职的公司可能会突然倒闭，而投资随时可以因应时代潮流，转换另一家对自己最有利的公司进行投资。因此，为了累积财富，投资股票是很有必要的。

第二节 独占型企业，市场通吃

获利重点：即使不景气，这种企业也能扩大市占率。

重要度：★★★

最不能投资的对象，就是号称全国第一、世界第一的企业。只要是参赛运动员都想拿到金牌，但选股时，投资者务必避开业界第一名。为什么呢？你看奥运比赛，第一名和第二名的成绩往往只差 0.1秒，而以经营事业的角度来看，如果第一名企业被第二名追得这么紧，根本就没有喘息的空间。

冷冻食品就是竞争激烈的典型行业，这个行业的第一名是日冷食品，第二名是日本烟草产业公司（JT，日本最大的烟草制造商，旗下亦经营冷冻食品业务），第三名是丸羽日朗控股公司，第四名是味之素。这4家厂商势均力敌，很容易陷入削价竞争，超市也因此最喜欢用冷冻食品做特价促销。

当第一大厂与第二大厂的市占率旗鼓相当时，投资第一大厂未必比较有利。表2-1显示，在日经平均指数低点（2003年4月）到最高点（2007年7月）之间，第一大厂的股价表现并没有比第二大厂来得更好。

在相同行业里，无论公司规模大小，管销费用等固定支出其实都差不多，市占率第二的大厂，因为营业额较少，在固定支出上当然会比第一大厂吃紧，可是一旦行情回升、营业额增长，第二大厂的固定支出占

业界第二大，股价涨幅更高

表2-1 2003—2007年大盘处于上升行情时的个股表现

第一大厂		第二大厂	
公司	股价涨幅	公司	股价涨幅
新日铁	577%	住友金属工业	1315%
三菱重工	215%	川崎重工	440%
佳能	53%	理光	59%
野村证券	111%	大和证券	212%
日本邮船	196%	商船三井	480%
NTTDoCoMo	-20%	KDDI	149%

注：股价涨幅是日经指数平均低点（2003年4月）到最高点（2007年7月）之间的个股价差。

总成本的比例就会急速缩小，获利成长率则会大幅上升。由于股价会跟随获利的成长率而波动，因此市占率第二大厂的股价反而比第一大厂的股价更有成长的空间。

选“第一”，不如选“唯一”

其实，光有业界第一的称号，还算不上好股票，投资者真正该追求的，是拥有独家技术或服务、能在竞争中获得压倒性胜利的公司。有句话说得好：“选第一不如选唯一。”这是因为“第一”随时都有被超越的危险，而“唯一”就没有这种困扰了。当然，假如业界第一大公司是无人能敌的“格列佛企业”，那就另当别论了，因为再多的小人围攻也打不过格列佛的寡头垄断（格列佛是小说《格列佛游记》主人翁，他曾造访大人国与小人国等虚构的国家）。

举例来说，可尔必思是“格列佛企业”（市占率第一），也是“唯一”（独占市场）。通常食品专家提到这种饮料，多半会称其为“乳酸菌饮料”，可是一般民众听到“乳酸菌饮料”反而觉得陌生，对日本许多家庭来说，“可尔必思”已经成为所有“乳酸菌饮料”的代称了。这表示“可尔必思”这个商品名称的名气，已经大大压过它真正的名称，这种案例在国内外都很常见。

不过，我们要找的不是“市占率第一+唯一”，在选择独占型（唯一）企业时有一个重点，就是市占率必须很低，因为这种股票未来才会有很大的飙涨空间。以最典型的独占事业电力公司来说，关西电力公司几乎独占了关西地区的用电市场，但正因为关西电力公司提供家庭和工业用电的比例几乎已达100%，所以市占率已经没有扩张的空间了。如果是在电力尚未普及每户人家的发展中国家（如印度），电力公司或许还是值得投资的对象。

独占型企业能冒出头，代表背后潜藏着社会的巨大转变。例如WORKMAN这家公司专门贩售工作服给在工厂、建筑工地工作的工人，市占率虽然只有10%，但第二大厂连1%都没有；WORKMAN也是市面上唯一一家工作服专卖店，而且产品丰富、价格便宜，店内装潢明亮，所以它是独占型企业。

过去，成为白领是求职者的目标，但在这个公司随时都会倒闭的年代，蓝领技术人员重新受到重视，在这样的时代潮流下，WORKMAN必然逐渐成长。

不过，独占型企业还是要搭上时代潮流的顺风车，才有机会茁壮成长。因此，它的特征是投资者很容易就能辨识出时代巨大转变的轨迹。

独占型企业大致分为以下三类：

※独占某个利基市场。
※能提供同业望尘莫及的服务。
※拥有同业无法复制的展店能力。

也可以说这是独占型企业的三种特质。以下，我将针对这三种类别分别举例说明。

一、独占某个利基市场

大企业通常会投入市场规模较大的产业，因为它们有资本、人才、技术上的优势，所以只要它们认为会赚钱的产业，或是该领域可运用自家公司擅长的技术，就会想办法打入市场。

例如三菱重工，其产品包含火力或核能发电、飞机、太空火箭、邮轮、堆高机、单轨电车、新式交通系统、废弃物处理设施、汽车制造设备、印刷机械、工业机械、桥梁、排水设施、防止暖化、空调、国防等，非常多元。

除了空调设备这类民生商品外，只要是跟大型机器相关的产业，三菱重工都想插上一脚。太空火箭和排水设施除了规模庞大这个共同点，技术上几乎没有关联。即使如此，像三菱重工这样的大企业，还是希望可以打进这些市场。

相较之下，利基市场通常是大企业触角未及的领域，在这些大企业耕耘不深的领域中，中型企业有很大的发挥空间。

在日本，以往手套、工具、胶带、零件等产品的销售管道，向来是以业务员登门拜访推销为主流，其市场规模据说高达5兆日元。第一个尝试把这些产品放到网络上卖的，就是 MonotaRO公司。这家公司贩售的商品品项多达150万种，而且能够迅速宅配到府，这样的优势让传统业者毫无招架之力，再加上目前网络上并未出现其他竞争对手，而这块市场的市占率连5%都不到，因此未来大有可为。

MonotaRO过去4年的营业额与经常利益的年均成长率分别是20%和43%。请见图2-8，它的平稳期非常漂亮。根据“稳定后陡升要立刻进场”的选股规则，近期的陡升高点就是买点。不过，如果你看的是它的周K线图，可能会疑惑近期陡升的高点应该是A点还是 B点呢？由于它的股价在陡升时涨幅非常大，使得 A点和 B点在同一天创新高价，这种情况在实际操作股票时经常发生，既然是在同一天，就不必烦恼进场时机了。

又例如以医师为对象的专业医疗情报网站 M3公司，在该市场几乎维持着独占的状态，因此除了制药公司，许多医疗相关企业都希望跟M3公司合作，而合作又进而提升该公司网站的点阅率，使得它的独占地位更加稳固。

请见图2-9，M3公司3个月前的经常利益只有15%，算是偏低，但除此之外，其他各季的业绩都很不错，其股票仍是值得买进的股票。

二、能提供同业望尘莫及的服务

制造业者购买生产设备之后，相同产品的数量生产愈多，就愈能压低成本。其他竞争者也是以大量生产、降低成本为主要策略，导致市场

独占利基市场，股价在4年间飙涨14倍

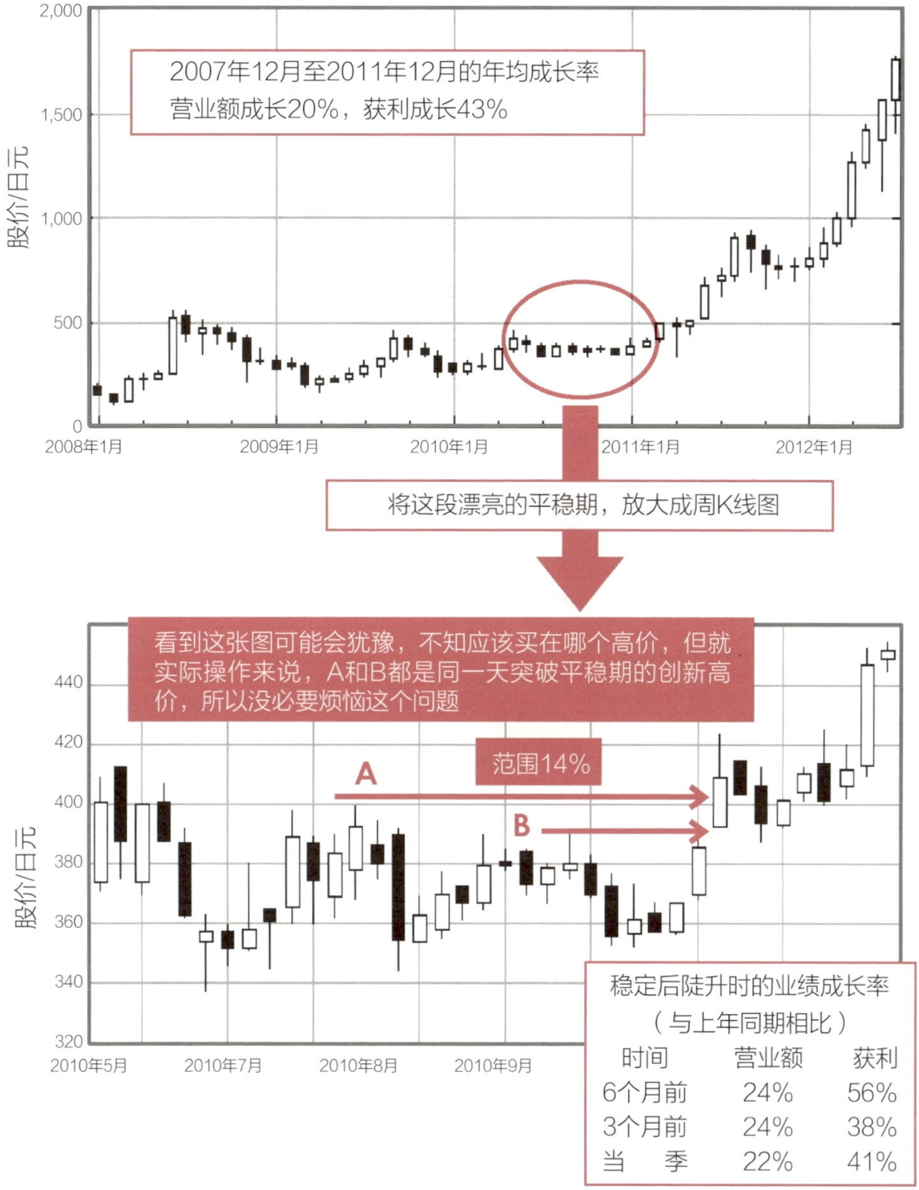

图2-8　MonotaRo的月K线与周K线

独占专业医疗情报市场，股价在4年间飙涨4倍

图2-9　M3公司的月K线

上相同产品的价格不断下跌，这就是家电产品愈来愈便宜的原因。

相较于制造业，如果某个行业是以员工人数的成长为企业成长的关键，那么竞争者要想打进这个市场，就没那么容易了。该领域的业者只要登上龙头宝座，就会把第二名以后的企业远远甩在后头。

例如管理大楼需要许多警卫、清扫人员等，简单来说，管理10栋大楼所需成本大约等同于管理一栋大楼成本的10倍。对制造业来说，只要市场需求够大，巴不得快一点把产量提高10倍；但是，对物业管理公司来说，一下子要多聘用10倍的劳工，雇用过程及教育训练所耗费的成本是十分惊人的。

换句话说，如果能在这一行做到龙头地位，几乎就稳操胜算，因

为其他小公司在短时间内不可能追得上来。近年办公大楼、医院、学校、购物中心等大型设施都需要清扫及维护的服务，这些业务大多集中在大型的物业管理公司手上，而在日本，业界第一大的永旺永乐公司（AEON delight Co.）独揽了整个物业管理市场。

永旺永乐公司是永旺集团（根据《财富》全球500强大企业，永旺集团是日本第一、世界第十大零售集团）的子公司，拥有永旺集团这个大客户，它的先天条件比别人强，并有机会逐渐累积该行业所需的技术。

在这块价值3兆日元的大饼中，身为业界龙头，市占率却只有8%，而且它的营业额比第二大厂商高出3倍。到2012年2月，它的获利已经连续8年成长。

请见图2-10，2006年，永旺永乐公司的月K线图（上图）没有形成平稳期，但周K线图（下图）里确实可以看到范围稍大的平稳期。股价在大涨的前3周，几乎都是在原地打转，属于非常典型的飙股形态。

三、拥有同业无法复制的展店能力

零售业不像制造业，比较难以依赖规模经济来增加获利，而且展店速度通常快不起来。另外，连锁超市、超商、餐厅在全国展店后，往往会逐渐压缩独立商店（指独立零售商只拥有一家零售店）的生存空间。因此，从另一个角度来看，现阶段展店数仍偏低的连锁企业，未来将大有可为。

ASAHI是连锁自行车专卖店。过去在日本，自行车大多在独立商店贩售，后来独立商店逐渐被量贩店和家庭用品连锁店所取代。但对于自行车，量贩店和家庭用品连锁店毕竟是外行，店员不会修车，也无法提

独占市场，股价在4年间飙涨23倍

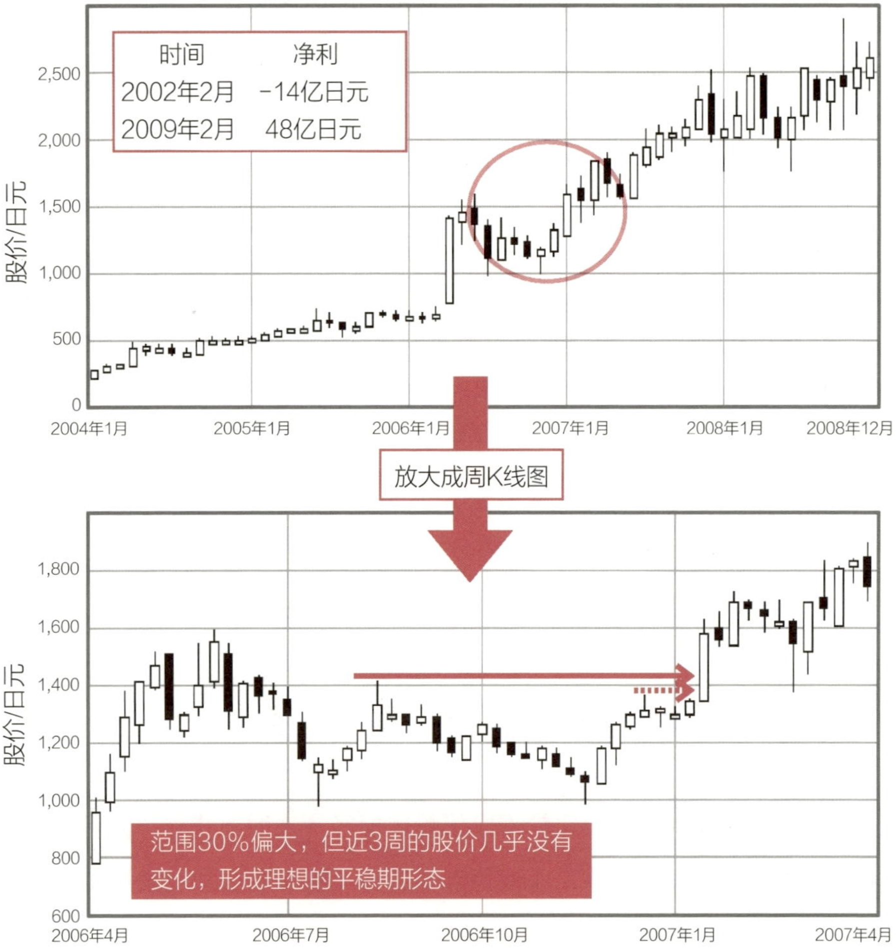

创新高价时的业绩成长率（与上年同期相比）

时间	营业额	获利
9个月前	26%	114%
6个月前	5%	-13%
3个月前	109%	161%
当　季	115%	138%

图2-10　永旺永乐公司的月K线与周K线

供顾客所需的专业知识（至少目前是这样），因此，专业的ASAHI很容易抢夺市场。

目前 ASAHI的市占率约为15%，同业中没有像 ASAHI那么专业的大公司，在品项齐全度方面也远胜于一般的大卖场。由于目前没有企业可以跟 ASAHI匹敌，所以它已经成了独占型企业。

ASAHI的股价从2005年12月挂牌上市，到2011年9月的高点为止，总共涨了2.6倍，或许有读者认为："才2.6倍，跟其他飙股比起来，一点也不稀奇嘛！"但你只要想到这段时间的全球股市有多惨，就会知道这只股票的表现有多惊人了。

投资独占型企业有个独一无二的好处，那就是不管产业前景如何，获利都能持续成长。以 ASAHI为例，即使贩卖自行车的整体行业销售疲软，但因为 ASAHI是市面上唯一一家连锁自行车专卖店，所以有很高的概率能继续扩大市场。

一般而言，投资者此时最在意的是未来消费者对自行车的需求是否会增加。尽管环保热潮对自行车的销售有正面帮助，但由于现在经济不景气，我们也很难确定自行车的市场需求会不会再增加，因此无法判断该不该投资这类股票——事实上，日本自行车的出货数量从1999年到2006年都呈负增长。

尽管自行车的整体产业连续8年都是负增长，但 ASAHI 从1999年到2006年的销售量，却逆势增长了3.4倍，年均增长率高达19%，可见ASAHI不但不受行情影响，还能抢夺竞争对手的市场，扩大市占率。

ASAHI的财报截至2012年2月，已经连续12季呈获利成长。换句话说，我们可以跳过自行车的未来需求是否会增加这个问题，而直接投资这家公司——这就是投资独占型企业最大的好处。

投资小叮咛

目前台湾地区前三大自行车制造商分别是巨大（9921）、美利达（9914）与爱地雅（8933），主攻出口而非内需市场。虽然这3家公司在各地也有门市，但都只贩售自家产品，与日本的ASAHI公司情况不同，因此不算是独占型企业。

第三节 受惠于政府政策

获利重点：确认个股是否有“收益保证成长”的条件。

重要度：★★★

打开电视或报纸看财经新闻时，若说里头有什么信息对投资最有用，那肯定是政府政策。从中期（指1～7年，1年以下为短期）来看，那些直接受惠于政府政策的个股，收益几乎都保证会成长，这是投资者选股时最容易判断的基准。

时代潮流有长期的、有短期的；有强势的、有弱势的，例如近几年防止地球继续暖化的话题很热，并且已扩展到个人生活的层面，现在很多人都已经养成携带环保购物袋、随手关灯等习惯，对于节能减碳的意识已大幅增强。

但环保节能如果只靠民众建立良好的习惯，很可能只是一波短暂的热潮，也会随着时间逐渐冷却，如此一来，我们就无法判断它能为企业带来多少获利。

相对来说，政府政策就实在多了。政策是政府将时代潮流变成明文规定的产物，也是政府为了满足“防止地球继续暖化”的社会需求所提出的相应政策，例如明文规定限制二氧化碳的排放量等。如此一来，“防止地球继续暖化”就不会沦为一时的热潮，因此，政府政策可说是时代潮流的最佳推手。

选股时，政策概念股最容易判断能否进场，因为政府政策与时代潮流不同，不必担心短时间内会突然转向，因此受惠于政府政策的个股有很高的概率发生巨大转变。

政策概念股不必遵守“飙股定理一”的筛选标准。我在第一章提过，如果一只股票最近二三季的营业额成长不到10%、获利成长不到20%，就应该淘汰。这个选股条件是基于“业绩没成长，未来股价也不会成长”的股市定理；但政策概念股不必遵照这个规定，因为政府政策已经保证了需求确定会发生。

下面我会介绍几个政策概念股的例子。第一个例子就是不需关注近期业绩的典型案例：地震重建概念股。

日本营建股长期呈现低迷状态，但2011年3月11日的一场大地震，让其从谷底翻身。即使地震重建工作已经进行了一年，福岛、郡山这些周边灾区，也还有不少大楼等待修缮，那是因为相关业者手上都有满满的大工程订单，忙到没空去做大楼修缮这种小工程。

请见图2-11。Raito工业是典型的营建股，地震前的业绩与上年同期相比，营业额衰退了13%，经常利益更是大减66%。地震发生后的第一季营业额成长了15%，经常利益成长了99%；第二季营业额成长了44%，经常利益成长了200%；第三季营业额成长了34%，经常利益成长了110%（由于第一季和第二季的上年同期为赤字，所以这里是以第二章第四节介绍的方法算出成长率）。而股价到2012年的高点为止，比地震前高出1倍。

第二个例子是机车产业。五十铃是一家汽车制造商，主力商品是商用车辆及柴油内燃机，在日本的小货车市场市占率第一，在普通货车市场则是市占率第二。由于柴油车的销量不断受到废气排放标准的影响，

受惠于政府政策，获利一定会成长

注：灰色框中，上面的数据是营业额成长率，下面的数据是经常利益成长率（与上年同期相比）。

图2-11 Raito工业的周K线

日本在1993年、1997年、2002年和2005年都曾修订废气排放标准，而且日趋严格，其他国家也是一样。其实，这类规定对汽车大厂非常有利，例如2005年的新法规实施后，许多车种不能行驶特定路线，间接导致换车需求大增，结果五十铃汽车的股价翻涨了23倍，如此亮眼的表现，是丰田汽车望尘莫及的。请看图2-12，它在2004年就出现了非常标准的“稳定后陡升”的形状。

也有些公司受惠于国际公约的规定，例如中国涂料公司专门制作船舶用的涂料，全球市占率约为20%，排名世界第二。过去用于船舶的涂料都含有锡的成分，锡能防止藤壶（一种节肢动物）吸附船身，减少航行阻力，但锡已确定对环境有害，为此，2003年国际公约规定了船舶只

废气排放标准变严，换车需求跟着提升

注：左侧的百分比是以2002年1月为基准的涨跌幅变化率。

图2-12　五十铃汽车的月K线

能使用不含锡的涂料。中国涂料公司从1992年开始制造非锡涂料产品，本身所拥有的技术大幅领先国外厂商，因此股价前后大约飙涨了9倍。

大同金属是日本制造汽车轴承的大厂，该公司率先研发出世界首创不含铅的轴承。这项开发符合世界的环保潮流，即尽量避免制造含铅物品。欧盟本来打算在2005年开始实施含铅量的规定标准，但因为欧洲企业应变不及时，所以这项规定晚了3年实施。表面上看起来欧盟的延后实施对大同金属不利，但这反而证明了该公司具有前瞻性，因此其股价飙涨了5倍。请见图2-13，大同金属在2004年出现了一个漂亮的平稳期。

受惠于国际含铅量的规定，股价飙涨5倍

图2-13　大同金属的月K线与周K线

一、观察重点：政策会让企业获利，还是赔钱?

观察政府政策概念股时，请注意以下两个重点：

1. 政策是否对企业产生负面影响?

政府政策必须与企业的收益有直接、正面的相关性。例如政府开始推广节能家电后，家电产品的销售量便快速成长，尤其液晶电视卖得特别好，但家电股并未因此大涨，因为当时正逢全球金融海啸，松下、夏普、索尼等家电大厂，无一不是艰难度日。

另外，当政策对企业产生不良影响时，应立即卖出。例如，当日本政府在2006年修改融资法规后，立刻冲击消费金融业者（专营高利率的小额信贷）。请见图2-14，AIFUL公司的股价在2006年高达10,000日元，到了2009年12月竟然只有41日元。而消费金融业第一大业者武富士公司，甚至在2010年申请破产。

2. 股价是否提前反应?

政府政策和时代潮流不同，一定会提前明文公布，因此有时政策正式实施的时间，恰好就是政策概念股的股价最高点。例如，随着日本进入高龄化社会，政府于2000年4月公布《照护保险法》，所以看护派遣需求增加，成为时代趋势。

其中，看护派遣的龙头企业 Nichii Gakkan（见图2-15），在2003年的股价只有3,000日元，之后不过一年左右的时间，就飙涨到8,000日元。

受政策影响，消费金融股暴跌

注：“视为有效利息的债权偿还”指将超过法定利息上限的利息，视为合法的例外规定。根据旧法规，如果债务人自愿支付超过法定上限的利息，事后不能要求债权人归还。日本的最高法院否决了这项规定，对消费金融业者造成极大的冲击。

图2-14 AIFUL公司的月K线

Nichii Gakkan公司将安养机构拓展至全日本各地，导致初期成本大增，2001年3月的获利转为赤字。投资人很早就察觉事态不妙，所以股价在《照护保险法》实施之前就达到高点，之后暴跌了96%。如果Nichii Gakkan公司能按部就班地扩大经营，股价可能不会这么快就达到高点，下跌的幅度也会小很多。

投资人要注意股价是否已提前反应

图2-15　Nichii Gakkan公司的月K线

二、扩大思考政策概念股

其实，关于政策概念股，我们可以做更多的思考。政府的一举一动，很难不影响民间企业；同理，大型企业的动向，也会左右中小型企业的获利表现。例如，当麦当劳第一次在美国推出麦乐鸡块时，鸡肉行情大涨，相关行业的股票也都一起上涨，因为麦当劳的鸡肉采购量非常惊人。

当中小型企业与大企业谈成某一笔大生意时，中小型企业的股票也能视为一种政策概念股。例如，当ARGO GRAPHICS公司接下丰田汽车的CAD / CAM系统（Computer Aided Design/Manufacturing，电脑的辅助设计与制造）生意时，股价就大幅上涨。其实，ARGO GRAPHICS公司从来就是专门替汽车公司建造 CAD / CAM系统的大厂，只是从来没接过像丰田汽车这么大的企业订单。当丰田汽车正好要升级系统版本，又刚好找上他们时，对这家公司来说就真的是千载难逢的好机会。ARGO GRAPHICS公司的获利从2002年3月至2005年3月年均成长率为20%，股价则飙涨了大约6倍。

我在第二章开头介绍的天马航空，其实也算是广义的政策概念股，因为它一口气接收了日航大量的航线与客户。

比起时代潮流股，投资者更容易预测一定时间内政策概念股的需求，相较于独占型企业与时代潮流股，政策概念股风险较低；但即使如此，你也还是要谨慎判断政府政策是否和个别企业的收益直接相关，否则不是股价涨不上去，就是提早触顶转跌。投资人购买政策概念股时，请先判断该政策是否会长期、正向地影响企业收益。

第四节 转亏为盈的企业，飙涨概率高

获利重点：转亏为盈的成长幅度，与一般成长率的算法不同。

重要度：★★☆

基本上，公司获利成长幅度愈大，股价愈容易上涨，这几乎是股市常识。例如获利成长15%的公司，股价一定比成长5%的公司更容易上涨；但若是公司转亏为盈、连续出现盈余，或是有稳定的获利来源，将更有机会出现股价飙涨的情况。

事实上，转亏为盈的公司，其股价大多会在转亏为盈之际飙涨。例如，比起从去年亏损30亿日元，降到今年只亏损15亿日元，与从去年亏损10亿日元，转为今年获利5亿日元，后者为股价带来的正面影响肯定大得多，因为光是亏损变少，还不足以让投资者对企业的未来展望产生信心。

对公司来说，转亏为盈是一个巨大转变。因为投资者对企业的普遍期待是："唯有收益表现好，才能证明企业的价值。"所以，企业财报出现盈余，就是它对投资者有益的最好证明。

要找出转亏为盈的公司很简单，因为媒体一定会报道，公司四季报也会清楚载明。换句话说，企业会设法告诉投资大众"我们转亏为盈了"，投资者可以省下自己调查的时间。因此，转亏为盈的公司不但股

价飙涨的概率高，同时又容易辨识，对投资者来说，真是“天上掉下来的礼物”。

同样的道理也能套用在业绩回升的个股上。当一家公司的获利衰退到原本的一半不到时，股价一定会大跌，但如果它能迅速恢复原有的获利水准，那么股价上升的幅度，绝对不亚于转亏为盈的公司。

一、转亏为盈的公司，买点会出现在低水位

“转亏为盈”与“业绩回升”这两种股票的投资方式，和我先前介绍的投资方法有何不同？最大的差异就在K线图的“涨”相里。这两种股票的股价，都在行情低迷的时候起涨，因此新高价会出现在K线图的低水位位置。

例如 Megane Top公司（主要销售眼镜、隐形眼镜、助听器等商品），其股价在2006年创下新高（代表投资者能进场了），但如果从2002年开始看，这个高点只能算是波动范围中的一个低点（见图2–16）。

可能有人会想：“买在低点不是很好吗？”但我们得承认一个事实：正因为多数投资者选择不买这只股票，它的股价才会维持在低档，所以投资者在评估这类公司的未来获利成长性时，必须比评估成长型股票更加谨慎。

图2–16的 Megane Top公司在2002年左右时经常利益逼近20亿日元，但随着眼镜市场的竞争愈来愈激烈，它的经常利益从2003年的10.9亿日元衰退到2004年的5.8亿日元，隔年（2005年）的经常利益也只有6亿日元。

转亏为盈后，股价从400日元涨到1,200日元

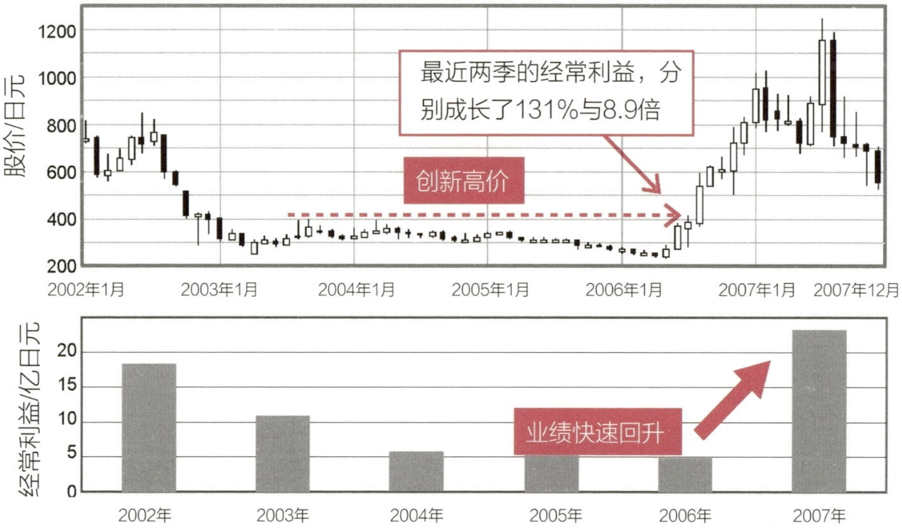

注：经常利益的决算年度，2002年和2003年是8月期，其余为3月期。此图根据该公司的资料而制成。

图2-16　Megane Top的月K线

于是，Megane Top公司痛下决心进行改革，舍弃旧的品牌名称Megane Top，重新创立新品牌“眼镜市场”。这就像麦当劳决定换一个商店名称继续卖汉堡一样，是非常重大的决策。Megane Top先进行公司内部的组织改造，然后在新门市里打出镜片连框只要18,900日元的低价，它和竞争对手最大的不同在于，无论薄镜还是远近两用的镜片，定价都一样。

Megane Top公司在2006年3月的全期业绩和上年相比虽然还是衰退，但已经中止了前半年的亏损，后半年业绩开始回升。它的单季经常利益成长率，在2005年10~12月成长了131%（财报于2006年2月发布），2006年1~3月成长了8.9倍（财报于2006年5月发布）。这次的财报公布两个月后，股价于2006年7月立刻创新高，隔年（2007年）3月，它的经常利益上升到23亿日元。

二、关键是找出企业获利的本质

如何确定一家公司在进行改革后，其成果会反映在获利上呢？关键在于掌握公司的本质变化，也就是公司之前亏损的原因，看其是否跟公司核心的获利能力有关。

转亏为盈后，股价从350日元涨到650日元

经常利益				
时间	季度	获利	一年前	成长率
2008年3月	第四季	978百万日元	1,095百万日元	-11%
2008年6月	第一季	-52百万日元	-439百万日元	158%
2008年9月	第二季	281百万日元	-2,58百万日元	200%
2008年12月	第三季	1,509百万日元	-139百万日元	200%

创新高价前的业绩

注：业绩是根据该公司的资料计算的。

图2-17　日本车辆制造公司的月K线

请见图2-17，例如日本车辆制造公司（日本生产特种车辆的厂商，产品包括铁路车辆、工程车辆、桥梁建造等，中国台湾的台铁、高铁与捷运系统部分车辆也是由日本车辆制造公司制造），由于铁矿石等原物料价格上涨，2007年3月的财报出现亏损，但其实日本车辆制造公司在本质上非常具有成长力。

怎么说呢？首先，在先进国家中，日本的铁路属于发达之例。日本早在工业化尚未普及的1897年，东海道本线就开通到神户，铁路的历史相当悠久。另外，日本铁路系统发生事故的频率极低，这一点也是享誉国际的。

如今新兴国家的公路交通壅塞情况都非常严重，这些国家无不倾力建设铁路，再加上日本的新干线技术受到全球青睐，在这种条件下，投资者可以期待日本车辆制造公司将会持续接到亚洲各国的订单，而原物料上涨所造成的亏损，只是一时的现象。

三、算出转亏为盈的成长幅度

Megane Top公司和日本车辆制造公司在创新高价时，并没有形成平稳期，光看K线图很难买下手，但这两家公司基本面的表现魅力十足，因此，如果你在媒体上看到某家公司转亏为盈，切记不要只看K线图，还要好好研究该公司的财报，并找出它能转亏为盈的原因。

不过，投资者在分析时常常会碰到技术性的问题。例如某家公司去年亏损10亿元，那么无论今年是获利1亿元还是20亿元，在分析上也只能说它“转亏为盈”。即使明明后者的成长幅度较大，也无法用数据表示。

为了方便投资者做判断，我在这里给大家介绍一个涵盖负值的简单计算公式，目的不是算出正确的成长幅度，而是用来快速判断能否买进该股票，而且这种算法在证券业早就广为流传，在投资上非常好用。

这个公式的逻辑是：用去年到今年的成长数据当分子，再用今年和去年的平均值当分母。计算公式如下：

涵盖负值的成长率计算公式

$$\text{成长率}=\frac{\text{今年获利}-\text{去年获利}}{(\,|\text{今年获利}|+|\text{去年获利}|\,)\times 0.5}\times 100\%$$

注：| |代表绝对值。

我们以图2-17的第一季为例，计算其成长率：

$$\frac{-52-(-439)}{(\,|-52|+|-439|\,)\times 0.5}\times 100\%=157.6\%$$

用这个算式计算，答案一定会在 -200% ~ 200%之间，对于喜欢精准答案的人来说这或许很难接受，但在投资的世界中，当一家公司的获利成长超过200%时，对于股价的影响，其实和获利成长300%或400%没有太大的差异。

此外，在运用这个公式计算时，如果一家公司的获利成长率太小，那么算出来的结果会和传统的计算方法（见下面的公式）算出来的结果差不多。

传统的成长率计算公式

$$\text{成长率}=\frac{\text{今年获利}-\text{去年获利}}{\text{去年获利}}\times 100\%$$

以图2-17的第四季为例，用传统算法计算，成长率为 -10.68%

$[(978-1095) \div 1095 \times 100\%]$，而用我介绍的公式计算的，结果是 $-11.28\%\left[\frac{978-1095}{(|978|+|-1095|)\times 0.5}\times 100\%\right]$，两者四舍五入后都是 −11%。

在做投资决定时，你只有“买或不买”这两种选项，太执着于细节差异，可能会误导自己做出错误的选择。用学校成绩来类比，考73分和考77分都会被列为乙等或B级。

同样地，获利成长7.3%的公司和获利成长7.7%的公司，用投资的眼光来看，后者不见得比前者更好。在看获利成长率时必须以5%为一个区间，比如说5%～10%、10%～15%、15%～20%，只要落在同一个区间，就视为成长力相同。建议大家尽量用概略的方式看数据，这样才不会误判大局。

第 三 章

小心！四种诱人的假飙股

第一节 别买业界里的“独行狼”

获利重点：早同业一步创新高价，不是好消息。

重要度：★★☆

本章要带领读者看典型的假飙股。这类股票看起来有飙股的长相，容易让投资人上当，具体来说，分成以下四种：

（1）“独行狼”：同类股都下跌，只有该公司先涨上去。

（2）落后补涨：同类股都上涨，只有该公司股价落后补涨。

（3）公司重整：公司以裁员等手段来挽救财报获利。

（4）公司并购：公司发布并购另一家公司的消息。

以上四类股票最好不要买，尤其是“独行狼”，其K线看起来很有“涨”相，千万不要上当。至于落后补涨、公司重整、公司并购的股票，股票分析师们都会对它们做出正面的、看好的评论，我希望各位能禁得起诱惑。

一、看中一档股票，要和同类股先比较

本节会先介绍“独行狼”股票。在日本街头，有一句交通标语很常见：“绿灯了，还是要看看左右再通行。”这句话用在投资上同样有效。例如，你看见某只股票的股价创下新高，而且无论从基本面还是技术面来看，它都具备了飙股的条件，这就是出现“绿灯”的信号——不过，请别急着买进，你应该先“注意左右来车”。

股市里的“注意左右来车”，就是检查这只股票的同类股动向。如果同类股没有朝创新高价的方向上涨，就要特别注意，因为你锁定的股票很可能是脱离群体行动的“独行狼”。

同一个行业内的上市公司，股价波动会非常类似。图3-1记录了几家具有代表性的综合商社（指经营项目横跨多种产业的集团，例如伊藤忠商事的经营项目就横跨纤维、石化、金属、电机、食品、通信、媒体、航太、物流、金融、保险、不动产等领域，旗下共有8家子公司、18家关系企业）从2003年3月至2008年3月的股价变动情况。其中股价上涨最多的是伊藤忠商事，5年间共上涨了5～6倍。股价上涨幅度最小的则是住友商事（简称“住商”，是住友集团旗下的综合贸易公司），但5年间也涨了4～6倍。三井物产和三菱商事（日本最大的综合商社）的表现则为中等。

看完股价，我们来看看这4家公司的获利表现，请见图3-1。在2003年3月至2008年3月，这4家公司的税后纯益成长幅度相比较，最大的是三井物产（12.2倍），最小的是住友商事（2.6倍），伊藤忠商事是9.8倍，三菱商事是6.6倍。

这4家公司的获利差距很大，K线的走势却相差无几，而且股价涨幅最高的伊藤忠商事并非是获利成长最多的一只股票，虽然三井物产和三菱商事的获利成长幅度差了1倍，但股价的成长幅度却差不多。由此可见，这些数据没有太大的意义，当你看中一只股票时，务必将其与同行业的个股一起比较。

无论获利差距多大，同类股的走势都很相近

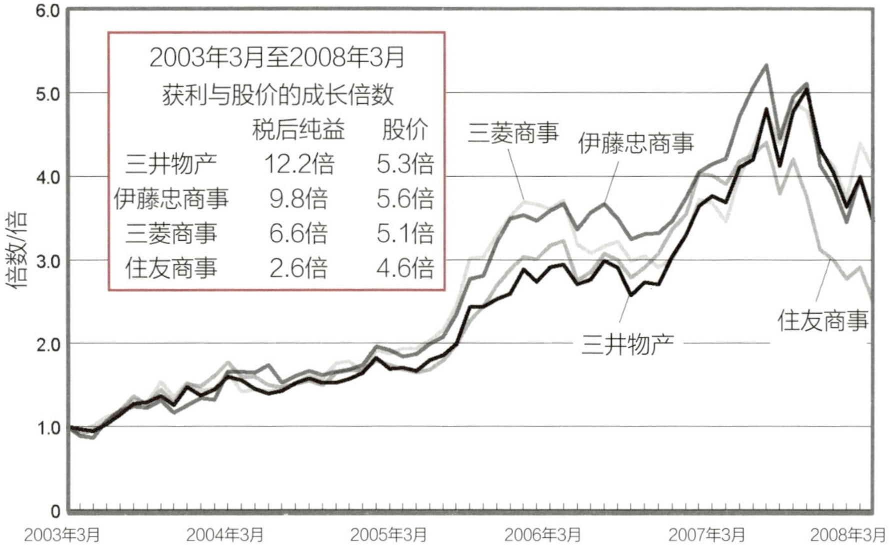

注：以2003年4月的股价为基准计算最高价的成长倍数。

图3–1　日本四大综合商社的股价走势

二、同类股几乎都会同时创新高价

同类股除了走势相近，也几乎同时创新高价。请见表3–1，这张表所列举的个股都是海运公司，11家公司中有7家在2003年5~8月之间创新高价，而且每家公司突破史上最高价的时间，都出现在2007年。

海运类股和图3–1的4家综合商社相比，股价的成长倍数落差更大，这是因为它们的获利落差实在很大。像干汽船（成长35倍）和第一中央汽船（成长15倍），这两家公司是因为转亏为盈而股价暴涨；而共荣油轮（成长5倍）和太平洋海运（成长7倍）获利成长太低，股价飙涨的幅度当然偏低。

同类股几乎都会同时创新高价

表3-1　同类股几乎同时创新高价

公司名称	创新高价时间	股价成长倍数	获利成长倍数
玉井商船	2002年4月	10	转亏为盈
饭野海运	2002年8月	9	5.2
川崎汽船	2003年2月	7	5.3
共荣油轮	2003年5月	5	0.3
太平洋海运	2003年6月	7	0.2
明治海运	2003年6月	8	1.5
干汽船	2003年6月	35	转亏为盈
第一中央汽船	2003年6月	15	转亏为盈
商船三井	2003年8月	5	9.0
新和海运	2003年8月	10	9.6
日本邮船	2003年9月	3	3.9

11家公司，有7家公司创新高价的时间，集中在5～8月

注：获利的成长倍数是指2003年3月至2008年3月的经常利益成长。关于用红圈标示的3家公司，将在本章第二节中详细解说。

不过，我的意思并非指“只要同类股上涨，看中的股票就算获利少也可以买”。同类股处于上升行情，代表这是好的买点，就像“大家一起过马路就不用怕”，但是，当红灯（获利恶化）亮起时，还是不能硬着头皮通过。获利恶化的股票，在同类股票都上涨时，很可能会跟着上涨，但只要那个行业的行情变差，它肯定是投资者第一个出手的对象。当同类股全面上涨时，业绩好的股票的涨幅会更惊人，所以要投资的话，就应该投资这样的股票。

三、“独行狼”的创新高价，只是昙花一现

千万不要买股票里的“独行狼”。在相同产业的个股中，一定会有一只股票比其他股票更早冒出头，这种股票就是“独行狼”。投资的重点不是把所有看起来有“涨”相的股票全都买下来，而是有效率地找出上涨概率最高的股票，提升投资的胜率。

图3–2就是“独行狼”的范例。2008年9月，大发工业的股价突破了两年前（2006年1月）的史上最高价（红色圈起来之处）；以2005年6月时的股价为基准，则大发工业在创新高价时，股价已经飙涨了1.7倍。在此同时，丰田和本田这两家竞争对手，股价却正在走跌。由此可见，在这3家汽车公司里，大发工业是“独行狼”。

“独行狼”的创新高价，只是昙花一现

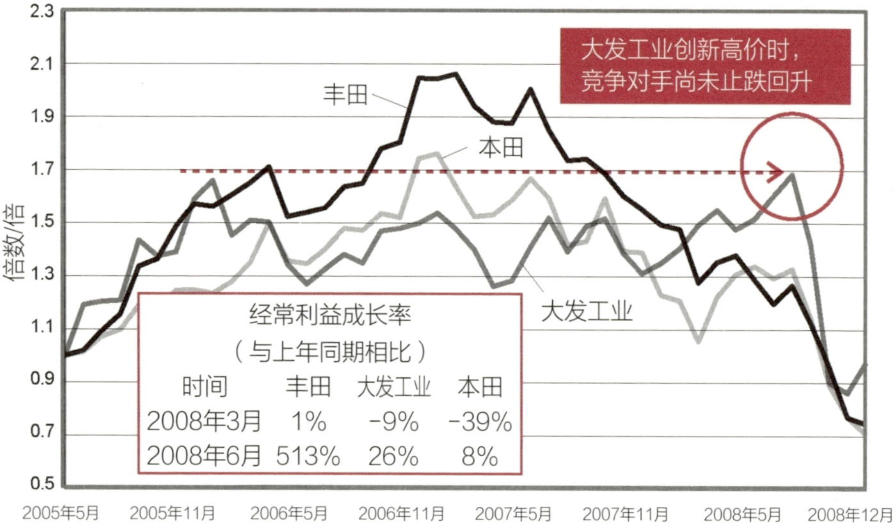

注：以2005年5月底的股价为基准计算2008年12月底最高价的成长倍数。

图3–2　日本三大汽车公司的股价走势

我们再来看获利。大发工业在2008年4~6月的经常利益，与2007年同期相比成长了26%，成绩相当不赖，问题是上一季的经常利益是-9%，成绩不太好。丰田也一样，近期一季的业绩大幅成长，但上一季就原地踏步。本田就更糟了，两季的业绩都表现不佳。因此，从获利来看，大发工业仍然是不适合买进的股票。

即使把大发工业长时间进入平稳期这点纳入考量，由于范围高达37%，投资风险也太大了。事实上，大发工业在2008年突破史上最高价的时间只有短短3天，之后就马上暴跌了。

四、扩大思考同类股的概念

最后，我还会把“同类股”的定义，延伸得比“相同产业”更广，只要是有某些共通点、可以互相比较的个股，我都会视为同类股，拿来分析比较，例如同样受惠于日元升值（或贬值）的公司，或是同时挂牌上市的新兴企业。目前日本的上市公司约有4000家，即使是专业的投资者，也很难做到一一详细分析。因此，我会把发展趋势相似或承受相同风险的企业，视为同类股来分析比较。

比如，乌龙面连锁餐厅和居酒屋连锁餐厅，获利的趋势通常刚好相反。行情差的时候，乌龙面餐厅的获利会变好，居酒屋的获利则会变差。即使如此，我还是会把这两种公司视为同类股，因为它们都属于外食行业。[1]

---

① 日本外食行业包括人们在家庭以外进行就餐的餐馆、宾馆和饭店，集团供餐与特殊环境供餐，如学校、企业等单位和飞机、火车的经营部分等，还包括饮料店（饮酒店、饮茶店、咖啡店、冷饮店等），从广义上来说，还包括供应原辅材料的店和料理品店。

从图3-3可以看到，东利多（乌龙面店）与和民（居酒屋）这两家外食连锁店，在2008年11月同时脱离平稳期，股价大涨，光凭这一点就能证明它们可被视为同类股。

股市里其实不常出现“独行狼”。当你发现疑似“独行狼”的股票时，可以找找同时期是否有急速成长的新兴企业，那或许就是它的同类。

其实，寻找同类股还有一个更重要的意义：这么做能让我们不光找出创新高价的个股，还能在寻找性质相近股票的过程中，意识到市场的整体变化，让我们得以用俯瞰的角度，理解哪些领域、哪些股票比较容易受到市场青睐。这是投资者了解股市整体动向时不可或缺的一环。

居酒屋和乌龙面店，也能视为同类股来做比较

注：以2007年股价为基准计算的倍数。

图3-3　东利多与和民的股价走势

第二节 股市里没有落后补涨这回事

获利重点：落后未必补涨，秘诀是检查有无获利不佳这个致命伤。

重要度：★★☆

我们常听电视上的财经名嘴说："很多投资者看上这只股票，就是看准了它会落后补涨。"他们要表达的意思是：涨是会涨，但时间会比别的股票慢。

涨幅落后的股票真的会补涨吗？我们先来看看什么是落后补涨：在一段特定的时间内，如果A公司股价涨幅为100%，但相同产业的B公司却只涨了30%，那么B公司就有机会落后补涨。所以，落后补涨的选股策略就是判断B公司之后会补涨70%而抢先一步投资。

在实际操作股票时，假如这个策略真的有效，那么人人都能轻松赚大钱了。在仔细思考后，我们就会发现这个策略有个致命的缺点：除非大多数的投资者都察觉到它只涨了30%而买进，否则B公司的股价未必能补涨。真正聪明的投资者会倒过来想——某只股票的涨幅会落后，背后肯定有什么原因。

一、落后会不会补涨？看获利就知道

请见图3–4，KDDI和 NTT是日本的两家电信公司，其股价表现在互联网泡沫破裂的2001年底以前差别不大，到了2002年2月，这两家电信公司还一起触底反弹，不过，之后的表现就天差地远了。

KDDI从谷底反弹到2007年5月的高点为止，共飙涨了4.3倍；而NTT到2007年2月高点为止，只涨了1.8倍。以获利来看，2002—2007年，KDDI 的经常利益成长了4.5倍，NTT 则成长了1.6倍。就是因为两者的获利差这么多，股价的表现才会这么悬殊。

上一节我们提到的“独行狼”，是同业还没涨就先行上涨；落后补

落后补涨，很可能是获利出了问题

注：“获利”的“利”指2002年3月至2007年3月的经常利益成长率。以1998年底的股价为基准计算变化率。

图3–4　KDDI和NTT的股价变化走势

涨的情况刚好相反，是除了自己以外，其他同类股都上涨了。这两种特立独行的股票在股市里都不怎么受欢迎，因为不受投资者青睐，所以无法凝聚人气。

我以海运业为例来解释。海运业从2003年起就是日本股市的热门类股，在上一节的表3-1中，最晚创新高价的海运公司是日本邮船。然而，根据2003年3月的财报，日本邮船的经常利益高居同业之冠，占11家海运公司经常利益总额的45%。尽管获利表现亮眼，但日本邮船的股价到触顶为止，只涨了3倍，在11家海运公司中股价表现最差，创新高价的时间也最晚。

这背后一定有什么原因，具体来说就是：市场认为它的未来获利成长空间不大，而事实也是如此。

日本邮船在2003年3月至2008年3月的经常利益成长了3.9倍，跟同属前三大海运公司的商船三井（9.0倍）与川崎汽船（5.3倍）一比，马上相形见绌。到了2008年3月，日本邮船的经常利益已经被商船三井超越，占11家海运公司经常利益总额的比例也衰退到28%。

由此可见，市场不看好日本邮船的未来获利是正确的，投资者之所以这么推论，是因为不定期船运（指海运中无固定航线与船期的业务，其运费通常比定期船运便宜）的运费涨到历史新高，因此推测不定期船运业务比重较高的商船三井和川崎汽船的获利可望持续攀升。

二、后来居上者极少，落后就是落后

接下来，我们来看汽车产业。根据表3-2，涨幅落后最大的3家公司是最下方的本田汽车、富士重工业（其汽车品牌为SUBARU，台湾地区译为速霸陆）与三菱汽车。在这3家汽车大厂中，创新高价时吊车尾的是本田汽车，但它到触顶为止也涨了79%。

落后不补涨，获利通常不佳

表3-2 各公司股价上涨幅度与经常利益对比

公司名称	创新高价时间	股价上涨幅度	经常利益/亿日元 2003年3月	经常利益/亿日元 2008年3月	成长率
日产汽车	2003年6月	50%	7,101	7,664	8%
山叶发动机	2003年7月	263%	672	1,403	109%
铃木汽车	2003年9月	117%	792	1,569	98%
日野汽车	2003年10月	47%	166	410	147%
马自达	2004年2月	156%	407	1,485	265%
丰田汽车	2004年3月	113%	12,267	24,372	99%
大发工业	2004年3月	135%	195	666	241%
五十铃汽车	2004年4月	219%	-42	1,223	转亏为盈
本田汽车	2004年9月	79%	6,098	8,958	47%
富士重工业	2005年10月	19%	586	454	-22%
三菱汽车	2005年11月	4%	543	857	58%

或许有人事后看这只股票，会认为“不买落后补涨的股票”这条规则未必正确，但请大家看2003年3月至2008年3月的经常利益，本田汽车的成长幅度只有47%，虽然不是业界最后一名，但也绝对称不上是好成绩，可见比同业晚创新高价，一定是有原因的。

此外，其余两家落后幅度较大的公司的背后也暗藏着深层的问题。请见图3-5及图3-6，富士重工业于2005年10月创新高价，但之后半年也只涨了19%；另外，三菱汽车于2005年11月创新高价，但之后却只涨了4%。两者的价格虽然都突破近年新高，但平稳期范围实在太大了。

股价创新高，但平稳期范围太大

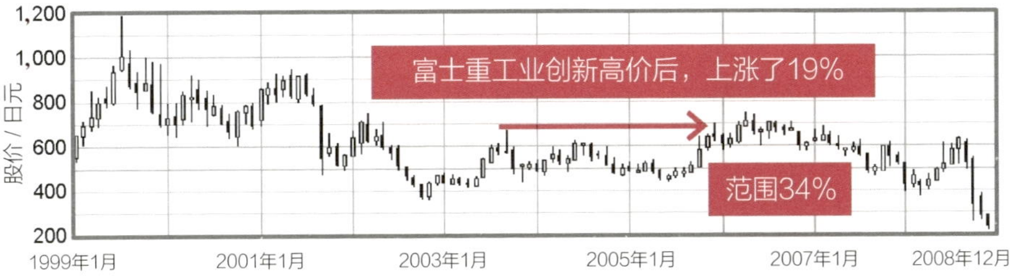

图3–5　富士重工业的月K线

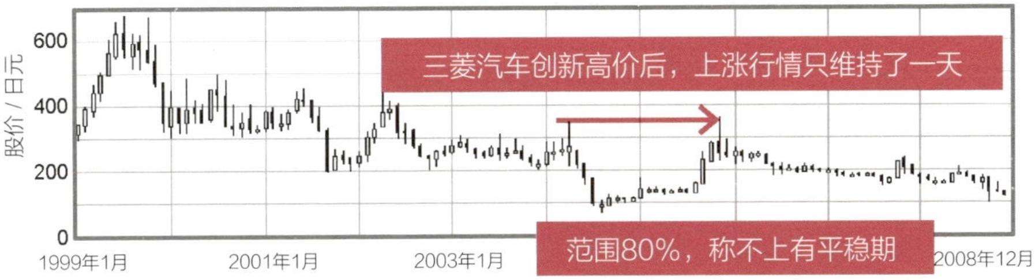

图3–6　三菱汽车的月K线

从它们的获利表现，我们可以更清楚它们落后却不补涨的原因。富士重工业从2003年3月到2008年3月的获利衰退了22%，是同业里唯一出现衰退的公司；三菱汽车自2004年3月后更是连续3年大幅亏损。这些结果使得这两家公司在同业的竞争中远远落后。

总之，选股时绝对不能因为“它跟同业相比没有涨”就买进，在股市里，后来居上的例子非常稀少，落后就是落后，很难再补涨回来。

第三节 企业重整是利多？看营业额立刻现原形

获利重点：营业额成长10%以上，才能买进。

重要度：★☆☆

当企业财报出现亏损、获利衰退时，如果进行重整、大砍人事等，可以让企业转亏为盈；不过，投资者看到用这种方式转亏为盈的企业的股票，可以买进吗？

一般来说，企业重整所得到的获利回升不会持续太久，因为一家企业不可能一直靠裁员来解决财务问题，所以，重整的话题热度很快就会消失。本来经营企业就无时无刻不追求节省成本，企业重整就像“想从干毛巾中再拧出水来”，结果当然是拧不出（获利）来。

投资者通常对获利能长期维持高成长的企业怀抱希望，如果他们知道某些希望只是镜花水月，就一定会尽快把那只股票卖掉，因此，重整企业的股价通常涨不上去。以我个人的投资经验来说，我甚至觉得企业是否重整跟是否考虑买进之间，并没有太大的关联。

一、营收没增加，就知道获利是靠重整

其实，最该问的问题是：这家企业为什么必须重整？是不是经营出了问题，导致消费者对该企业的产品和服务的需求不断下降？一家企业

如果真的想要重新振作，就不应该靠节流（重整），而是要开源（增加营业额）。重整或许能帮企业暂时渡过难关，但不能解决根本问题。

当然，有些重整成功的企业确实能让营业额逐渐回升，但我建议的买进标准是营业额至少要成长10%以上。我们来看一家重整失败的企业——日本航空。

请见图3-7，日本航空的股价在2007年11月突破了近期高点275日元（2007年2月的价位），此时它最近一季的税后纯益（2007年4～6月）与上年同期相比业绩成长率为166%，可以看出获利改善的征兆。

创新高价的时点，营业额成长幅度低的股票不买

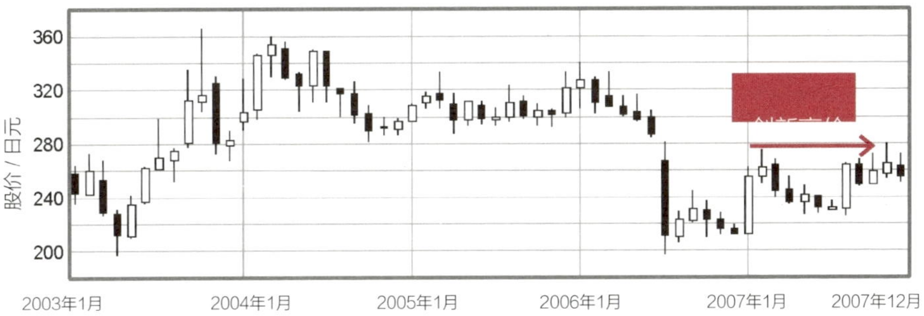

业绩成长率（与上年同期相比）		
时间	营业额	税后纯益
2006年 10～12月	5%	45%
2007年 1～3月	7%	200%
2007年 4～6月	0	166%

根据创新高价时所发布的财报

图3-7 日本航空的月K线

2007年2月，日本航空发表重整的中期计划，当中提到2008年3月的营业利益目标是300亿日元以上；在2010年3月要完成企业重整，2011年3月的营业利益目标要达到880亿日元。

然而，碰上2008年的全球经济寒冬，航空业的市场需求下降，结果日本航空股价创新高后没有持续上扬，重整也以失败收场。它在2007年11月创新高价后，只撑了3天股价就暴跌，到2010年终于申请破产（2012年9月日本航空在稻盛和夫的手中起死回生，股票重新上市）。

日本航空在2007年股价创新高的当下，我们无法判断未来经济会出现衰退、航空需求下降，那么应该怎么做，才能避免在那个时间点买下这种股票呢？

第一，注意它的营业额。在图3-7中，日本航空当季的营业额成长率是 0，前几季的营业额与上年同期相比业绩成长率也只是7%和5%，没什么起色，这是典型的重整企业的营业额表现。

第二，注意新高价出现的位置。我们的规则是股价必须突破过去2年以上的高点，但它在2007年11月，只突破了2007年2月的高点，时间相隔不到1年。

因此，不管是从营业额还是股价走势图分析，得到的结论都是投资者不该买进这只股票。

二、重整成功的三项指标

重整成功的关键在于营业额是否成长。那么，正处于亏损状态的企业，在什么状况下营业额才会好转呢？具体来说，你可以观察3个指标：

（1）公司在面临危机时成功推出新产品。

（2）在重整过程中，幸运地碰上经济复苏、需求回升。

（3）重整成功，重新赢得顾客的信赖。

近年来，日本重整成功的知名案例就是日产汽车。从卡洛斯·戈恩自1999年3月担任日产汽车的营运长以来，便开始重新改造这家公司，这使得日产汽车从原本在2000年3月亏损6,800亿日元，到2003年3月出现约5,000亿日元的盈余，只花了3年时间就让公司起死回生。

之后几年，日产汽车的税后纯益不断成长，到2006年3月时，已经达成连续6年获利成长，这样的好成绩也反映在股价上，从卡洛斯·戈恩就任前的低点290日元（1998年10月），飙涨到1,556日元（2006年5月），暴涨了好几倍。

请看图3-8，日产汽车自2000年以来，股价三度创新高。

日产汽车起死回生，股价也三度创下新高

图3-8 日产汽车的月K线

①2001年3月：突破了1999年10月的高价770日元，最近一期的获利成长了200%（2000年4月9日所发表的上半年财报，当时尚未引进季报制度），成绩非常漂亮。不过，营业额只成长了2%，可以说成长速度停滞不前，因此这个时候还不是买点。

日产汽车在第一次创新高价后，股价几乎没有往上涨，而是呈现盘整的态势，2001年9月又跌到405日元，股价几乎腰斩，可见此时不买是明智的判断。

②2002年3月：突破了2001年7月的高价900日元。最近一期的税后纯益成长了34%，但营业额衰退了4%（根据2001年上半年财报）。由于营业额衰退，因此这里依然不是买点。日产汽车在此之后的一年三个月属于平稳期，股价在800日元到1,000日元之间来回波动，直到2003年6月终于突破平稳期，到这时才是买进的时机。

③2003年6月：突破2002年5月的高价1,041日元，同时也突破了过去10年以上的高点。我们来看这个时间的基本面。请见图3-8，最近一期（2002年下半年）营业额成长了10%，税后纯益成长了46%，2002年上半年则是营业额成长了10%，税后纯益成长了25%，已经符合买进的条件。

2002年以后，日产汽车重新取得顾客的信赖，内销日本的汽车数量大幅成长了14%——在此之前，日产汽车饱受长期销售停滞之苦。1973年，日产汽车在日本国内汽车的市占率曾经高达33%，但随后每况愈下，2000年市占率只剩下不到18%。2000年以后，日产汽车的市占率终于开始回升，2002年市占率更是31年以来首度回升1%以上，这表示该公司已经重获顾客的信赖了。

第三次的创新高价，光看K线图就知道它值得买进。我们可以看见它形成了一个平稳期，范围不到30%。股价从2003年6月创新高价（1,041日元）后，到2003年9月（1,455日元），才3个月就飙涨了近四成。

分析到这里，或许有人会不满："日产汽车进行重整的这段时间，股价明明上涨了5倍，用你的方法投资却只能赚到四成。"是的，该公司在重整期间股价确实上涨了5倍，但过程中也有股价腰斩的时候，许多投资者可能无法忍受惨跌而在中途就认赔杀出。

投资飙股的重点不是一口气大赚，而是在追求股价翻倍的同时，避开过程中暴跌的可能性。即使我们无法在一只股票里买在谷底、卖在触顶，但能够一次赚饱饱，也能从其他股票赚到钱，做到这样就够了。不让自己产生心理压力而安心地一直投资下去，才是最重要的。

重整企业最大的问题是，获利的回升通常只能维持很短的时间。想知道一家企业能否真正东山再起，直接观察企业营业额的回升状况比较可靠。

第四节 企业并购，往往是失败者联盟

获利重点：合并只能延缓股价下跌，股价走势往往虎头蛇尾。

重要度：★☆☆

每当媒体发布某某知名企业要“迎娶”某家企业的消息时，该企业的股价就会飙涨。这也难怪，当一家崭新又变大的公司诞生时，一定会使人产生很多想象空间，让人期待并购能为企业带来突破性的成长。虽然这类股票的股价通常会飙涨，但我要告诉大家：这种股票千万不要买。

为什么？请你自问一个问题：“被买的一方，接受并购的理由是什么？”答案很简单：这家企业正面临经营困境。对企业来说，脱离困境最快的捷径，就是被并购。

当一家企业经营得很好，每季的获利都顺利成长时，是绝对不愿意跟别人合并的。一定是企业高层断定未来经营会更加严峻、市场需求会不断降低、股价走势将不被看好等，才会想跟别人谈并购。换言之，并购是在企业经营不善时，另一种形式的企业重整。

假设有两家规模相当的企业 A跟B要合并，这两家企业合并后，并不会像变魔术一样，产生一家新的 C企业，只不过在合并后，财报上的获利数据是 A企业加上 B企业的获利而已。

更准确一点来说，由于企业合并后通常会裁掉两家企业职能重叠的部门以省下一些人事成本，因此，新企业的获利应该是A企业获利加上B企业获利，再加上省下人事成本而增加的获利。

因此，理论上合并后的新企业，A股股价加上 B股股价，再除以2，再加上裁减重复部门后省下的费用，即可换算成股价。但如果 A企业和B企业的股票继续分别上市，股价多半会下跌，因为没有发挥到两家企业合并后所产生的“综效”（股价至少也该反映裁减重复部门后，省下成本所增加的获利）。

一、合并只能延缓股价下跌

日本大部分的并购案都发生在金融业。20世纪80年代泡沫经济崩溃以前，日本都市银行曾被称为“15行体制”（指协和、神户、埼玉、三和、住友、第一、太阳、大和、东海、东京、日本劝业、富士、北海道拓殖、三井、三菱这15家银行），如今只剩下三大集团（三菱 UFJ金融集团、三井住友金融集团、瑞穗集团）和 Resona银行（前身为大和银行）而已。

在银行合并的过程中，金融股的行情开始走下坡路。由于金融股合并后股票代码改变，形成新的股价，所以无法算出精确的跌幅，但就算只看从20世纪80年代开始并购的表现最好的住友信托银行，其股价从1987年的高点到1998年的低点，也下跌了95%。

企业合并确实有好处，可以降低成本，遏止获利继续恶化，但这么做也只是把股价下滑的幅度从锐角磨成钝角而已，还不足以吸引投资者买进。

请见图3-9中7&I控股公司（日本大型零售通路公司，是日本

7-ELEVEN的母公司，旗下还有伊藤洋华堂超市、SOGO西武等公司）的月K线，它在2005年9月为了拯救伊藤洋华堂，并购了这家连锁超市公司。

合并后，股价只有刚开始上涨

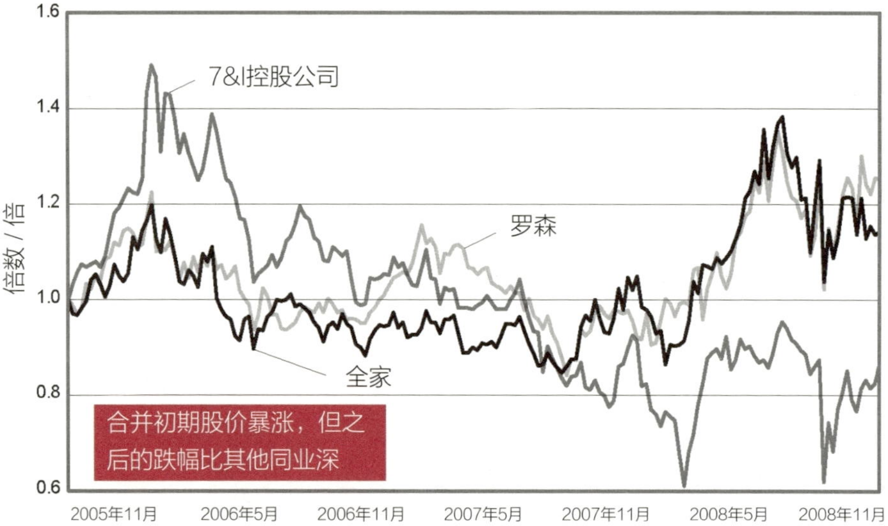

注：以7&I控股公司成立时（2005年9月）的股价为基准点，计算到2008年底为止的变化率。

图3–9 日本三大超商的月K线

在日本，大卖场已是夕阳产业，在这个产业中，像西友超市这样能保持财务健全独立的公司屈指可数。伊藤洋华堂也幸亏被7&I控股这么赚钱的母公司罩着，才能继续生存下去。

7&I控股公司在完成并购的最初3个月，股价上涨了六成，这代表投资人对它寄予厚望；然而，之后投资者便开始怀疑伊藤洋华堂是否成了母公司的拖油瓶，因此，在同类股里，罗森（在日本经营规模仅次于7-ELEVEN的连锁超市）和全家的股价走势很相近，7&I控股公司却开始走下坡路。如果伊藤洋华堂没有跟7&I控股公司合并，伊藤洋华堂的股价跌幅应该更加惨烈。

二、即使合并后股价创新高，也不能买

合并后的公司，即使股价创下新高，也不宜买进。我们来看化学大厂三菱化学与药品公司三菱制药在2005年10月合并成为三菱化学控股公司的例子。

请看图3-10，这只股票的平稳期已维持一年以上，终于在2007年1月突破平稳期、股价创新高；但它最近一季的经常利益衰退了29%，因此绝对不能买。

名过其实的涨幅，在大盘暴跌时就会现出原形

单季业绩成长率		
时间	营业额	经常利益
2006年 1～3月	12%	-29%
4～6月	10%	15%
7～9月	13%	-29%

创新高价时，最近一季的业绩

图3-10 三菱化学控股公司的月K线

之后半年，这只股票上涨了50%，以后见之明来看，可能会觉得当初应该买进才对，但请再仔细观察它之后的走势：从2007年7月的高点到2009年的低点一口气下跌了75%，跌幅比日经平均指数惨烈很多。可见，原先名过其实的涨幅，一遇到大盘暴跌就会被打回原形。现在看到它暴跌的惨状，是不是觉得没碰这只股票真是太好了呢？当上涨幅度名过其实，最可怕的就是你不知道它何时会被打回原形。

三、只有宣布合并当天会上涨

我们一起来看看，当公司发布合并的消息后，股价会出现什么反应。这里要举的例子是麒麟啤酒和三得利上演的并购大戏。

发布合并消息当天，就是股价最高点

注：以2008年8月最初一周的股价为基准来计算股价的变化率。

图3-11　麒麟啤酒的周K线

2009年7月13日，两家公司合并的消息提前泄露给了媒体。翌日，麒麟啤酒正式宣布并购三得利。图3-11显示的是并购案发布前后麒麟啤酒的股价变化。媒体报道前的股价是1,291日元，7月13日经媒体报道后，隔天一早开盘就跳上1,431日元，涨幅高达11%。

然而，7月14日的收盘价1,436日元就成为最高价位，此后好几个月，麒麟啤酒的股价走势都很疲软。在此同时，同类股的朝日啤酒却持续飙涨。由此可见，麒麟啤酒的股价无法飙涨，是自身出了问题。换言之，市场对合并的消息过度反应，所以必须拉回整理（由于持股比例谈不拢，这两家公司的并购计划，最后在2010年2月宣告失败）。

股市里确实有公司并购后股价上涨的案例，不过，股价上涨和并购无关。

股价上涨，是因为产业行情变好

注：以JFE控股公司2002年9月成立时的股价为基准来计算股价变化率。

图3-12　JFE控股公司和新日铁的股价走势

2002年9月，川崎制铁和日本钢管合并成 JFE控股公司。自合并后的低点算起，到2007年共上涨了7倍多。

但是，请看图3-12中的新日铁，其走势与 JFE控股公司几乎一模一样。这表明JFE控股公司股价的上涨与合并无关，而是自2003年起，中国、印度等新兴市场对钢铁的需求大增，钢铁业才会达到前所未有的荣景。

图3-13是两个并购案发生前后的K线图，上图是日本游戏软件大厂史克威尔与艾尼克斯合并成史克威尔艾尼克斯，下图是山之内制药与藤泽药品合并成安斯泰来制药。

大盘指数上涨，合并公司才会一起上涨

注：以两家公司合并后第一个月的股价为基准来计算之后的股价变化率。

图3-13 史克威尔艾尼克斯与安斯泰来制药的月K线

这两个K线图都呈现合并后股价上涨的走势，但仔细一看，两者的走势与日经平均指数非常相似。这表示合并后的上涨是因为行情正在好

转，这两家公司的股价表现只维持在市场的平均值而已。

四、收到钱的一方可以买，但要尽快脱手

要注意的是，并购还能细分为合并与收购。虽然两者都是两家公司合并成一家，但收购是小公司被大公司并吞，小公司属于被收购方。

当我们想要一样东西，而且无论如何都想要得到时，可能就必须支付高出市场行情的价钱。艺术品在拍卖会上就是因为这样才屡创天价。同样，要拥有一家公司，必须买下公司的大多数股份，因此，被收购的公司在消息发布时，股价一定会立刻上涨。

买方可能会宣布："我们打算以高出市价三成的价格收购。"图3-14就是这样的案例。日立制作所在2009年7月收购日立 Plant

被收购方在公布消息时，股价会上涨

图3-14 日立 Plant Technology的日K线

Technology时，由于消息提前曝光，股价在消息正式宣布的前一天就开始上涨。正 式宣布后，日立 Plant Technology的股价便飙涨到被收购价格的610日元。

作为投资者，此时要赶快卖出收购方的股票。毕竟收购方用高出市价的价格买下被收购公司，势必得烧掉一大笔钱，长期来说或许对获利有帮助，但短期来看，收购方获利成长率衰退的概率很高。

也因为这样，当收购方需要借钱来筹措收购资金时，如果收购利益小于贷款利息，就可能会影响收购方收购的意愿。

此外，我们从图3–15可以看见微软收购雅虎时上演的戏码。2008年

注：以宣布收购前一天的股价为基准来计算之后的股价变化率。

图3–15　雅虎的股价走势

2月1日，微软宣布计划以每股31美元、总共约446亿美元的现金和股票来收购雅虎，于是股市一开盘，雅虎的股价就直接跳到预定收购价格的附近。

由于收购价比原本的股价高出62%，因此是非常大规模的收购计划（如果谈成了，收购金额将是美国史上第二高）。投资者认为这对于收购方微软的获利影响很大，因此微软的股价立刻暴跌（后来雅虎反对收购案，并转与谷歌结盟，3个月后，微软放弃了收购案）。

第四章

这只飙股会涨到哪

第一节 有效的技术指标，就三种

获利重点：判断指标与股价之间的相关性，是否合理。

重要度：★☆☆

大部分的技术分析都不准，这对在股海中打滚多年的资深投资者而言，不是什么值得大惊小怪的事。即便进行基本面分析，除了我在第一章介绍的筛选条件（营业额成长10%以上、获利成长20%以上）外，其余的指标效果都不大。

但很多散户迷信技术分析，甚至对自己采用的分析方式有多少可信度都不晓得，就不假思索地照着操作，这就像一直吃着不知有无药效的药物，迟早会吃出副作用（对股价误判）。

如果你想判断某个技术分析的指标是否成立，有个简单的原则可循，那就是思考它合不合理。例如，货车的运输量是经济成长的指标：经济好，需要运输的货物自然会增加。这种关联性很合理，所以我认为未来要观察经济，这依然是有效的指标。

另外，也有人说一国平均寿命的长短是观察经济成长率的指标，你觉得呢？我怎么想都想不通，经济好坏跟寿命长短有什么关系。很可能是做这份统计数据的期间，这两件事刚好呈现高度正相关，才会产生“经济好，平均寿命会延长”或“经济不好，平均寿命就不会增加”等结论。

而在股票的技术分析中，最为人所知的无效指标就是趋势线。对K线很熟的人，一定看过图4-1这种把几个股价高点连成一条直线的趋势线吧？千万别学这么画线。

趋势线不能看月K线

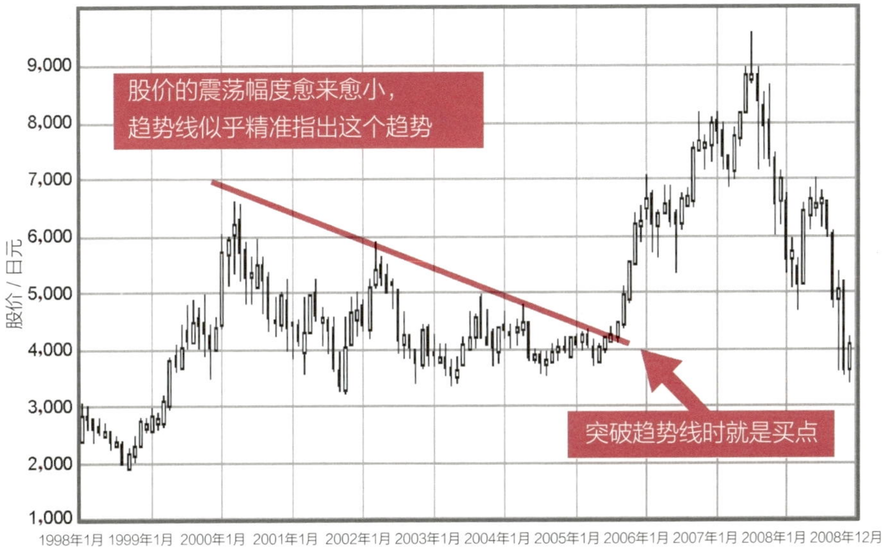

图4-1 信越化学的月K线

一、趋势线是投资者的大敌

趋势线背后的原理是：股价的波动幅度会沿着趋势线的移动逐渐缩小，当K线走势突破趋势线时，就代表买点浮现。这个原理和本书介绍的波段操作方式（平稳期范围要小于15%）是相似的，唯一的差别是当股价飙涨起来后，我会用均线，而趋势线则是以一道直直的斜线来作为判断依据。发明趋势线的人希望趋势线能比均线更快判断股价趋势，但实际上这么做隐藏着很高的风险。

如果趋势线画在月K线图这种长期的股价走势图上，就会让人以为它非常准（以月为单位的走势图，涵盖时间通常至少需要5年以上，甚至10年）。

趋势线的问题是它的画法全靠自由心证，所以常令投资者感到困惑。见图4-2，就有实线和虚线两种画法。如果是将 A点和 B点连成直线的实线，就不会出现买进信号；但如果是B点和C点连成的虚线，则股价早已突破，是非常明确的买点，投资者很难判断该以什么点来连线

用趋势线却看不出趋势

图4-2 三井物产的周K线

（实际上，比较准确的是 AB线段，因为后来三井物产的股价直接跳水暴跌）。

但趋势线最根本的问题是：不能合理地指出在AB线段或BC线段中，何者的趋势比较准确。

二、技术分析与基本面分析，何者优先

几乎所有的技术分析指标都着眼于数据与买卖信号的相关性，例如，“经由数据验证，只要出现某某信号就应该买进”，但很少有人进一步深思其合理性。很可能在某段时间内，买进信号真的很准，但这就跟经济成长率与寿命长短的关系一样，两者之间真的有相关性吗？就算有，能持续多久？没有人知道。

我试过各种技术分析指标，最后发现只有三种效果比较稳定，我将在本章中一一说明。

我也曾试着将创新高价后飙涨好几倍的飙股用各种技术分析指标检验一遍，结果发现符合标准的大概只有一半。

因此，如果你问我：“当技术分析和基本面分析的结果产生分歧时，应该以何者为优先？”我会回答：“基本面优先。”但如果是从提高胜率、绝不赔钱的投资策略来看，我会回答：“除非能通过两者的考验，否则就不买。”

技术分析指标的优点是：为了分析过去的股价、成交量等，必须列出所有的客观数据。它可以拿出统计资料证明当某个数值出现时，该只股票上涨的概率有多少。

飙股的长相虽然要靠自己思考去辨认，是一项非常耗费心思的工作，但只要有指标可以依循，例如“根据过去的分析，有百分之多少的概率会上涨”，那么做投资决策时也能气定神闲。请把技术分析当作辅助工具，好好地活用吧！

投资小叮咛

均线是移动平均线（MA）的简称，具体做法是把一段时间内的收盘价加总后除以天数，再根据算出来的平均股价画成曲线。一般有短期的周线（5日）、10日MA，中期的月线（20日）、季线（60天）与年线（240天）。

第二节 留意创新高价当天的成交量

获利重点：在股价创新高价的当日，成交量要比20日MA多出20%～30%。

重要度：★★☆

你有没有想过，为什么成交量的信息必须被公开？

当你在报纸、网络上浏览股价情况时，除了当日的4个交易价格（开盘价、最高价、最低价、收盘价）外，一定还会看到成交量。在股价走势图中，K线图下方通常会附上成交量的长条图。由成交量这么受重视可知，它本身一定有很重要的意义。

投资高手光看成交量就能预估未来股价的走势，因为成交量透露最重要的信息：成交量愈多，股价愈有机会上涨。因此，在这一节我要教你从成交量中看出飙股的长相。

请看图4-3及图4-4，这两张图是日本最具代表性的海运公司商船三井与川崎汽船的K线图。乍看之下，两者的走势形状几乎相同：两者都是从2003年1月开始逐渐上涨，并且在2007年10月一起触顶。从低点到触顶之间的涨幅，商船三井是11倍，川崎汽船是12倍。

请注意2005年的创新高价位置。这两家公司平稳期的范围都不到30%，但商船三井的股价在2005年8月轻松创下新高，川崎汽船却在2005年9月突破失败。投资者该怎么做，才能确保选到商船三井，而避免买到川崎汽船呢？

K线图很像，但只有一只股票会飙涨

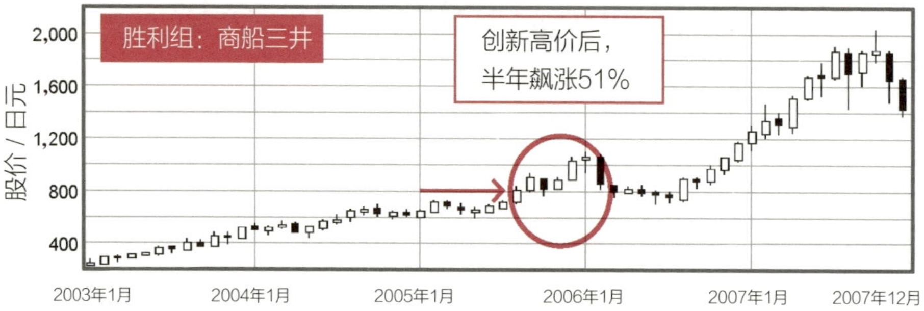

图4-3　商船三井的月K线

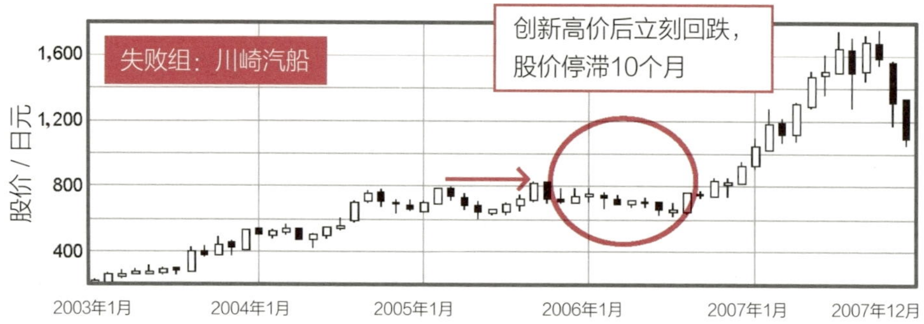

图4-4　川崎汽船的月K线

这两家公司属于相同产业，所以基本面几乎一模一样。商船三井在创新高价时，最新一期的财报（2005年全年）经常利益成长了93%，本益比为7倍（当时2006年3月第一季的财报尚未发布）。

另外，川崎汽船在创新高价时的最新财报（当时已发布2006年3月第一季财报），经常利益成长了141%；它在2005年全年的经常利益也成长了71%，本益比为8倍。

一、创新高价当天的成交量最重要

接着，我们把K线跟成交量合在一起来看。

图4-5中红色箭头所指的是2005年8月1日，商船三井突破了过去高价（2005年3月的730日元），在K线上拉出一根很大的阳线，成交量则为过去半年第二高，比上个月的均量多出大约249%。之后，商船三井的股价在半年内大涨，2006年1月涨到1,104日元，涨幅约为51%。

然而，在图4-6里，川崎汽船虽然在2005年9月26日突破了过去的高价（2005年3月的795日元），但这是在交易时间内突破，当日收盘价并没有超过795日元，成交量也只达到20日MA的84%。

成交量大，K线拉出一根大阳线

图4-5　商船三井的日K线

成交量小，收盘价迟迟无法创新高

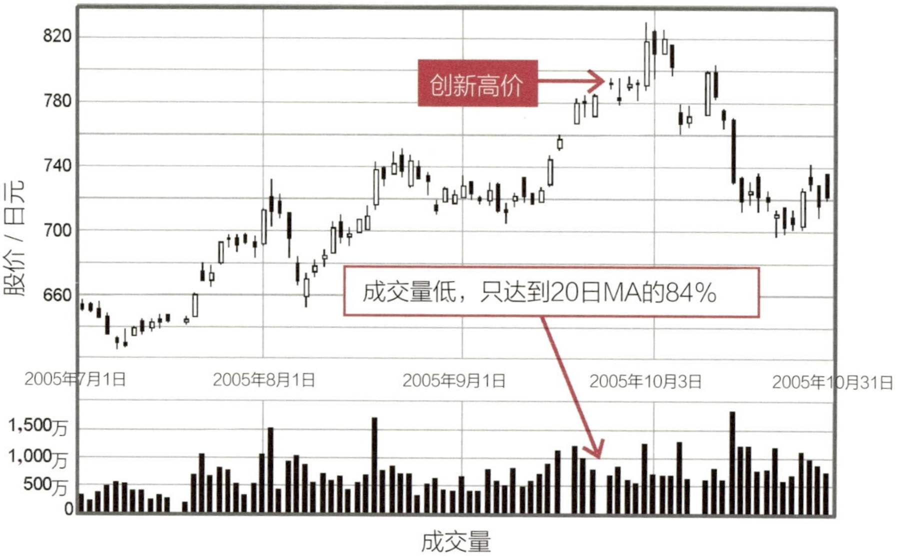

图4-6 川崎汽船的日K线

在27日和28日，川崎汽船的股价也曾在交易时间内突破795日元，但收盘价仍然无法突破这个高价，这是因为量能不足，成交量只达到20日MA的102%和74%。直到30日，收盘价才终于突破过去高点，但这只股票触顶后忽然反转下跌，之后便维持低迷近10个月。

接下来，我们来比较在同一天创新高价的两只个股，这样就可以判断个股的涨跌是否受到大盘指数行情强弱的影响。

请看图4-7，泽井制药在创新高价当日的成交量是20日MA的11倍，之后股价在半年内飙涨了六成。而图4-8的幸乐苑，成交量只比20日MA多出10%，之后股价也只上涨了5%。

买在股价创新高的概念，并不是我提出的，其实是市场参与者普遍的想法。换句话说，从某只股票创新高价的那一刻起，市场参与者就会

成交量大，股价飙涨60%

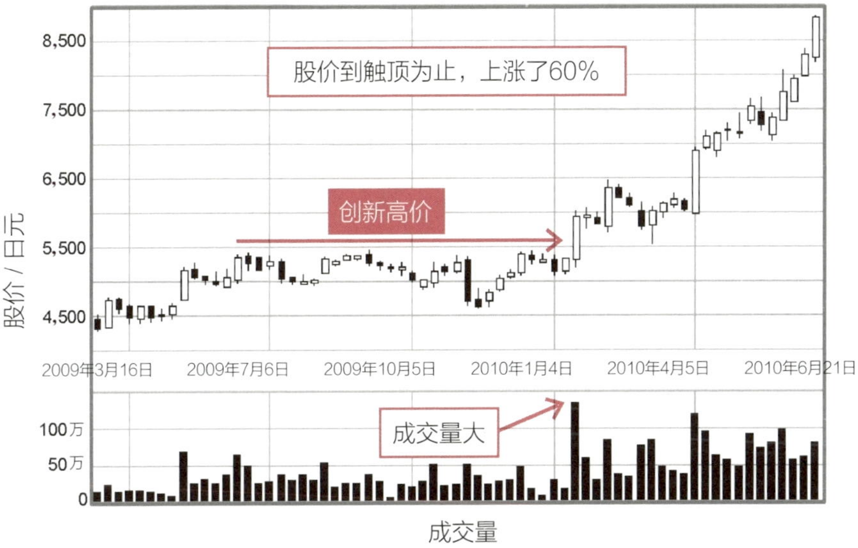

图4–7　泽井制药的周K线

成交量小，股价只涨了5%

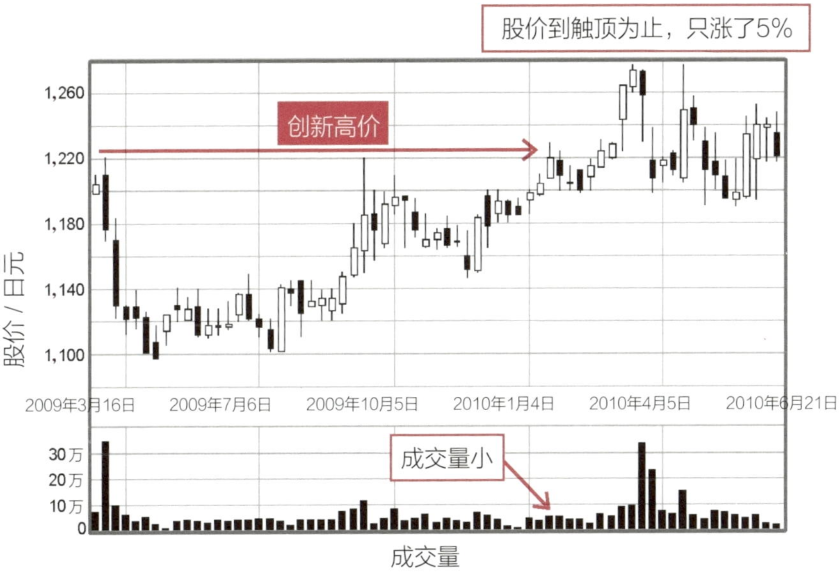

图4–8　幸乐苑的周K线

产生一个共同的期待：这只股票应该会继续涨上去。不过，如果成交量上不去，就代表市场对这只股票的期待不高。

股价创新高的当日，成交量比20日MA多出20%～30%最为理想。不过，“创新高价当日的成交量愈大，股价飙涨概率愈高”这个原则不是万灵丹，我建议最好把这项指标当成淘汰股票的工具使用。也就是说，如果成交量没有多出20%～30%，即使这只股票创下新高价，其他条件也很吸引人，我们也应该把它淘汰。

第三节 最强大的技术指标——K线波动率

获利重点：在股价创新高价的当日，波动率愈低，后续飙涨的概率愈高。

重要度：★★☆

买在创新高价的选股方式，最怕买到过热的股票，因为这种股票往往在创新高价后就会回跌。所谓“过热”，是指股价波动幅度太过激烈，就像登山，如果爬到半路喘不过气，就没有力气再往上爬；换句话说，一只股票如果在创新高价后无力再往上飙涨，就会失速下坠，所以我们必须确认一只股票在创新高价后，仍有力气再往上飙涨。

如何确认呢？最简单的技术指标就是第一章介绍的平稳期范围：一般来说，范围愈小，过热概率愈低。但光凭这点还不够，因为有些股票的走势即使范围很大，也还不算过热。然而，是否过热还是很主观的个人判断，因此，搭配K线波动率，在投资判断上就会更加精准。

一、观察股价变化，有两个切入点

一般来说，观察股价有两个切入点：一是股价高低；二是波动幅度。以气温为例，你一定体验过冬天气温骤降。例如过了一段秋高气爽的日子后，有一天气温骤降5℃，如果是纽约的冬天，一天的温差甚至可以高达10℃（作者曾在纽约哥伦比亚大学商学院跟投资大师吉姆·罗杰斯学习行情分析技巧）。

相反，阿拉伯地区的气温就非常稳定，每天的温度变化不大，即使有变化，也多在1.2℃左右，所以当地人从没有体验过冬天气温骤降的感觉。尽管阿拉伯地区的夏季气温高达45℃，冬天不到20℃，住在那里确实能感受到季节的更迭，但如果以月为单位来看，那里的气温变化却是渐进式的（作者曾在全球最大主权基金“阿布达比投资局”担任日本股投资部部长）。

我在国外住过才发现，气温除了高低之分，还有变化的稳定与激烈之别。股票也是一样，股价波动是小幅还是剧烈，与投资风险有很高的相关性，因此，波动率是技术分析中最重要的一环。不过，我所自创的波动率，跟传统概念不同，定义也有所区别——我称它为“K线波动率”，这是我提出的概念。

简单来说，一只股票在创新高价时，如果波动率高，就是过热的信号。请看图4-9，三菱商事在2003—2007年，股价涨了5倍以上。这只股票曾在2004年4月创新高价失败，但同年10月再度挑战成功，之后就一路飙涨上去。

检查这两个时间段的营业额与获利成长率，我们会发现不管买在4月还是10月，都符合飙股的条件，但投资者当然希望买在10月而不是4月，此时运用技术分析，就能避免误判买点。

请看图4-9中红色网底圈起来的部分，这两个时间点的平稳期范围都不到30%，但4月创新高价前股价震荡太过激烈，而10月创新高价前股价波动很小。可见，光看K线图就能判断两者波动率的高低。为了谨慎起见，接下来，我会用更精准的数值来加以验证。

创新高价两次，但只有第二次能进场

图4-9　三菱商事的月K线与周K线

二、K线波动率的定义与公式

波动率是指股价波动的幅度（包括涨幅与跌幅），图4-10显示同一种波动形状的两种波动模式：左图是水平方向，右图则是向下倾斜。如果把这两条线看成计程车的行驶距离，收费应该是一样的。换

言之，图4-10中左图和右图的波动率应该一致。但如果把这两条线看成股价的波动，则下跌行情（右图）的波动会比水平波动（左图）大得多。

理解新波动率的思考方式

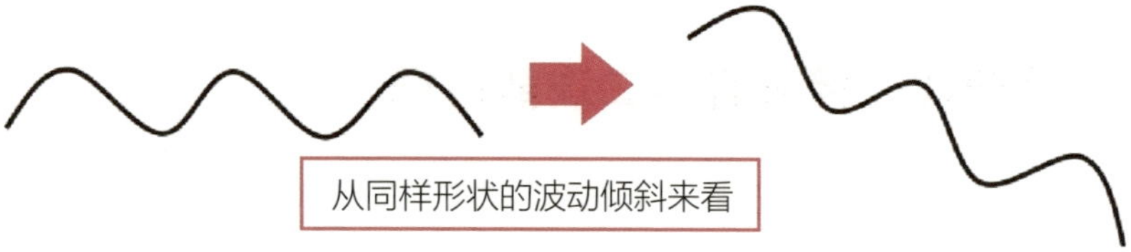

图4-10　下跌行情波动和水平波动

表4-1　两种波动比较

观察点	左图	右图
价格变动	小（箱型整理、水平通道）	大（下跌行情、下降通道）
波动率	一样大	一样大

那么，K线波动率该如何计算？观察波动率，也就是股价涨跌幅时最好的工具是K线图，所有K线图都会附上开盘价、最高价、最低价、收盘价四种价格。看K线图时，我们可以假定股价在一天中的变化如下：

从K线推算一日涨跌幅度：

·阳日线（收盘价>开盘价，代表上涨）

开盘价→最低价→最高价→收盘价

·阴日线（收盘价<开盘价，代表下跌）

开盘价→最高价→最低价→收盘价

在现实情况中，即使是阳日线，也可能出现最低价比最高价晚出现的情况，或是一天之中在最高价与最低价之间不停地来回转。但就经验来看，阳日线最常见的情况是触底后直接迈向高价，最后成为收盘价。阴日线也是一样的道理。

接下来，请看如下的K线波动率公式。

K线波动率最好用20日（也就是1个月）的股价涨跌幅来计算，但为了让读者先熟悉这套公式，以下先用2日的股价来示范。请看图4-11及图4-12。

用K线来推测股价的波动

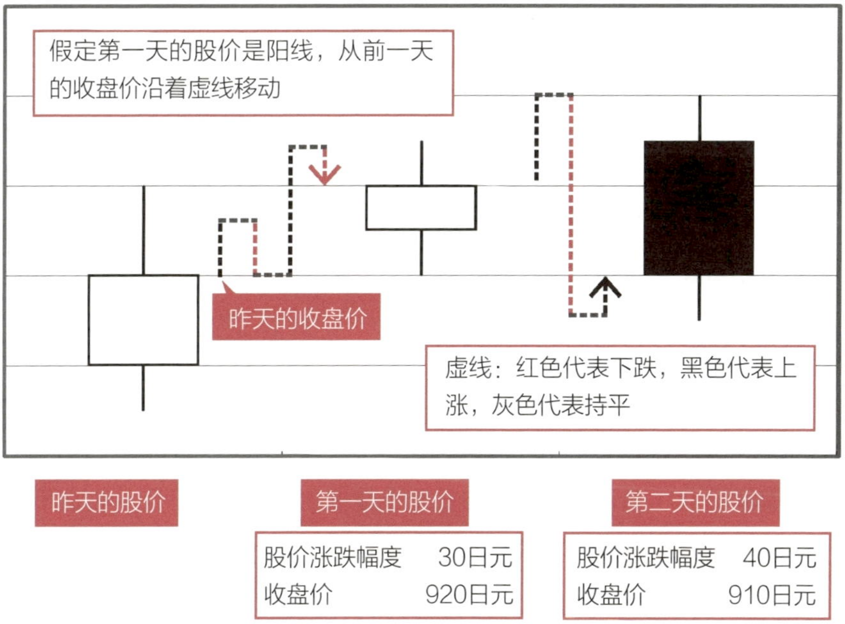

图4-11 用K线推测股价波动

计算股价涨跌幅度

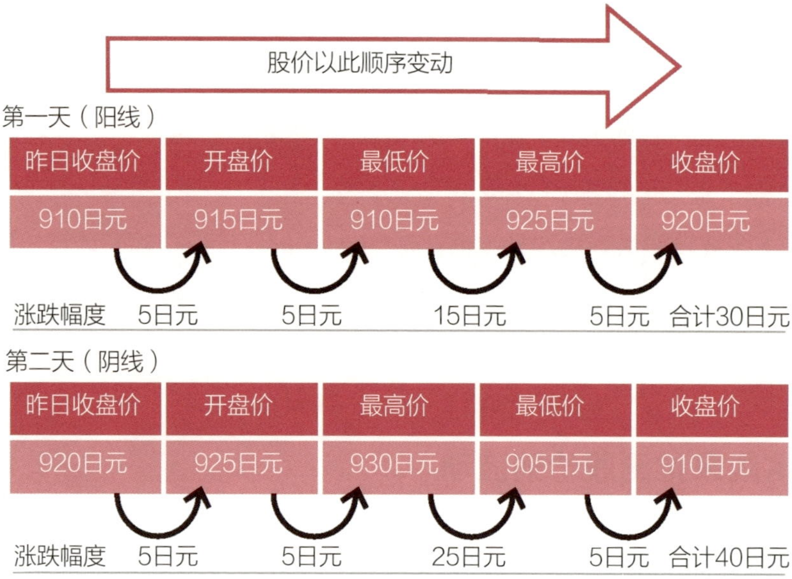

图4-12　计算股价涨跌幅度

第一天（阳日线）的股价动态为：

910日元（昨日收盘价）→915日元（开盘价）

→910日元（最低价）→925日元（最高价）→920日元（收盘价）

第二天（阴日线）的股价动态为：

920日元（昨日收盘价）→925日元（开盘价）

→930日元（最高价）→905日元（最低价）→910日元（收盘价）

首先，算出单日股价的涨幅+跌幅。

阳日线的算法：

｜昨日收盘价－当日开盘价｜＋｜开盘价－最低价｜＋

｜最低价－最高价｜＋｜最高价－收盘价｜

阴日线的算法：

｜昨日收盘价－当日开盘价｜＋｜开盘价－最高价｜＋｜最高价－最低价｜＋｜最低价－收盘价｜

K线波动率的公式：

$$波动率=\frac{单日股价涨跌幅度的月平均值}{收盘价的月平均值}\times 100\%$$

注：｜｜为绝对值。

接着，用以上数据算出2日的平均股价波动值为：

（30＋40）÷2＝35

2日的平均收盘价为：

（920＋910）÷2＝915

然后，套用公式计算这2日的K线波动率为：

$$\frac{平均涨跌幅度}{平均收盘价}\times 100\%=\frac{35}{915}\times 100\%$$

$$\approx 0.038\times 100\%$$

$$=3.8\%$$

在计算20日的K线波动率时，一个个地算实在太累，用 Excel软件代入公式就能轻松得到数据。我在另一本著作《大涨的信号》中，也是用同样的单日涨跌幅动态，来计算我提出的“卖压比例”，因此图4–11及图4–12其实就是我的前著（《大涨的信号》）的内容。此外，第五章第二节的卖出转换线也是采用相同的概念观察股价的波动，这是我做技术分析时最重要的基本功。

三、波动率比成交量更重要

图4-13是三菱商事的股价日K线图与波动率曲线图，从波动率来看，就能解释它在2004年4月无法创新高价，而在10月却能成功的原因。

用波动率估算创新高价成功和失败的概率

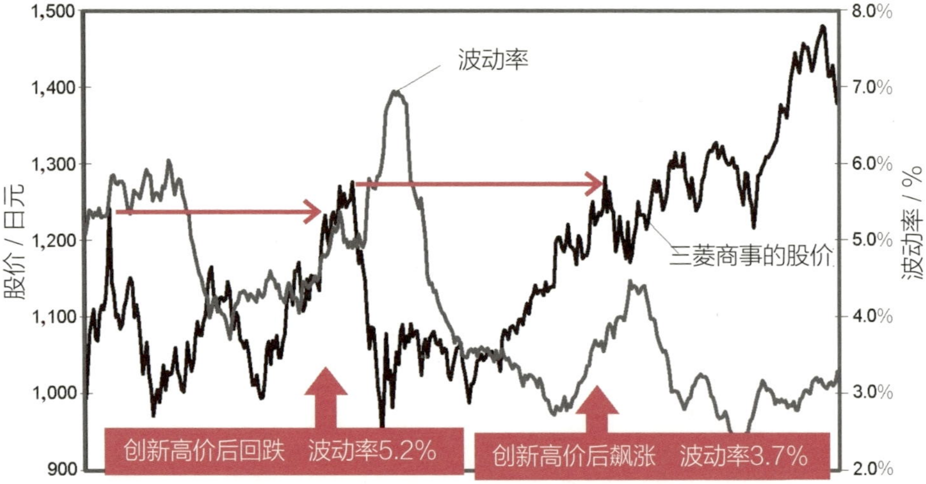

注：这里的股价不是用收盘价而是用最高价。

图4-13　三菱商事的日K线与波动率曲线

在2004年4月5日那天，三菱商事突破了2003年9月以来的高价，但此后只有6天维持这个收盘价，到了5月更是回跌25%。另外，同年10月13日，它再次成功地创新高价，而且这次没有再大幅下跌，反而一口气进入上涨行情。

见图4-13，乍看之下，股价的变动和波动率的变化没有相关性，但是请看波动率，在4月5日为5.2%，在10月13日为3.7%。换句话说，在股价创新高价的当日，波动率愈低，后续飙涨的成功概率愈高。

对于谨慎的投资者，最好投资波动率在4%以下的股票，4%~6%已算中度风险，6%以上就是高风险了。此外，业绩非常好的企业和小型公司，波动率通常都会偏高。美国和中国股市的波动率标准，跟日本股市又略有不同，但波动率愈低愈具有飙涨潜力这个原则，无论在哪一国的股市都是成立的。

表4-2　波动率、成功概率和投资风险的关系

波动率	成功概率	投资风险
4%以下	40%	小
4%~6%	35%	中
6%以上	25%	大

在三菱商事这个例子中，如果光看成交量，得到的结果也是在第二次创新高价时才能买进。也就是说，第一次创新高价时的成交量较低，第二次则较高，因此，只有第二次创新高价时才出现买进信号。

但如果碰上波动率和成交量这两个指标的判断结果不一致，就表示至少有一项指标显示该股的行情疲软。投资者最讨厌的就是风险，最有效的投资方法就是只要有一个指标出现走弱的信号，就宁可先不买进。

如果有读者问："相较之下，哪个指标比较重要？"我会回答："波动率比较重要。"换言之，即使成交量不足，只要波动率不显示股价过热，也还是可以考虑买进。我要强调的是，波动率就是这么强大、好用的工具。

第四节 用“两段式上涨”预测高点

获利重点：预测涨幅不到两成，就别买。

重要度：★☆☆

走进第一次光顾的寿司店，如果菜单上没有标示价格，我会因为不知道这顿饭吃下来要付多少钱而感到不安，根本无法好好吃饭。同理，买股票时，你一定很想知道买进的股票大概会涨到什么价位，但我们不可能精准地预测，在遥远未来的某个时间点，股价到底会是多少，况且花时间预测股价往往是白费工夫。因此，对投资人来说，如何简单快速地预测股价高点，非常重要。

我的预测工具是“两段式上涨”，它可以预测半年至一年后（长一点甚至是数年内），股价高点会落在哪里。有了这项工具，你甚至能在买进股票前，只要对预测的高点不满意，就可以决定不要进场。这跟天真地打算“涨到几元钱我就卖出”完全不同。

一、简单的加减，就能算出股价会涨到哪

“两段式上涨”的算式非常简单，只需要简单的加法、减法就能算出来，而且在你练习的过程中，还会养成用这个逻辑看K线图的习惯，久而久之，你就能一眼看出哪个K线图长得漂亮、哪个长得不漂亮。学会用“两段式上涨”看K线是提升投资技巧的必要条件，真的非常重

要，请务必学会。

所谓的“两段式上涨”，其原理是：股价波动时，会产生两个大小相同的涨幅，第二个涨幅结束时就是高点，之后就会暴跌。下面，我会用图4–14作为基本范例，详细说明。

（1）第一段大涨（长期）：首先请看第一段大涨（$\overline{AB}$），范围是100日元（从A点100日元涨到B点200日元）。之后，股价跌至C点170日元，然后再度进入上升行情。要想预测股价会从近期低点（C点）上涨到什么价位，公式如下：

高点D的预测值＝170（近期低点）＋100（$\overline{AB}$的大涨范围）

＝270（日元）

“两段式上涨”的基本模式

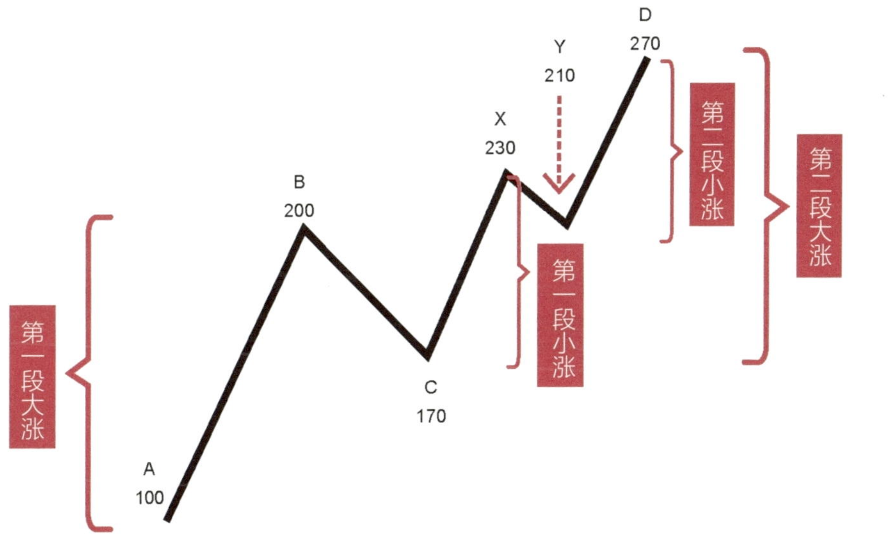

注：第二段大涨（$\overline{CD}$）中，包含两次小涨（$\overline{CX}$和$\overline{YD}$）。

图4–14　“两段式上涨”基本模式

270日元，就是我们对这只股票高点的预测值。

（2）第一段小涨（短期）：从近期低点（C点）之后，这只股票又涨到230日元（X点），然后再度下跌。我们先计算到目前为止的一段小涨范围：

小涨范围＝230－170＝60（日元）

之后，它的低点来到210日元（Y点），但我们预测下一次小涨的范围也是60日元，所以下次小涨的高点是：

高点 D的预测值＝210（近期低点）＋60（$\overline{CX}$的小涨范围）
＝270（日元）

（3）飙涨结束：股价涨到我们预测的高点270日元（D点）后，接下来会大幅下跌。因为按照“两段式上涨”的理论，两次大涨结束后，股价就会触顶转跌。

二、“两段式上涨”的波段构造

接下来，我们借由实际的K线图再进一步说明“两段式上涨”的原理。

股价的变化主要是由两段涨跌范围相似的大波动组成，其构造有如洋葱，无论剥了几层，都维持着相同的形状（只是愈来愈小）。同理，一波大涨中包括两次中型涨幅，中型涨幅又可细分成两次更小的涨幅。无论你是从大、中、小的哪个涨幅范围来计算，最后推算出来的高点基本上应该都是一样的。

请先记住这个概念，然后再来看图4–15：它是由两段长期涨幅$\overline{AB}$和$\overline{CD}$所组成的（加起来约20年）；接着再看图4–16，$\overline{CD}$又是由两段较小的涨幅组成的（加起来约4年）。也就是说，$\overline{CD}$是由两次中期涨幅$\overline{CV}$和$\overline{WD}$组成的，而$\overline{WD}$又能再细分成$\overline{WX}$和$\overline{YD}$这两个短期涨幅。

长期（约20年）的“两段式上涨”

图4–15　信越化学的月K线

（1）长期涨幅：根据图4–15，信越化学从1985年的A点572日元涨到2000年的B点6,630日元后，2001年又跌到C点3,260日元。因此，就长期波动来看，我们可以推算它的高点如下：

高点D的预测值＝3,260（C）＋$\overline{AB}$（6,630－572）＝9,318（日元）

也就是说，就长期来看，它应该会涨到9,318日元。

（2）中期涨幅：请看图4-16，这只股票从C点3,260日元涨到2006年的V点7,040日元，是它的第一段中期涨幅；之后，它又跌到W点5,380日元。所以，如果要从W点预测它下一次的高点，预测值应为：

高点D的预测值＝5,380（W）＋$\overline{CV}$（7,040－3,260）＝9,160（日元）

中期（约4年）的两段式上涨

图4-16　信越化学的月K线

（3）短期涨幅：随后，它的股价从 W点5,380日元，又涨到 X点8,170日元，这是它的短期涨幅。碰到高点后它又跌至 Y点6,880日元。如果投资人要从 Y点预测接下来的最高点，预测值应为：

高点 D的预测值＝6,880（Y）＋ $\overline{WX}$（8,170－5,380）＝9,670（日元）

三、预测涨幅过20%，才值得买进

如果你看上的某只股票的预测涨幅不到20%，千万不要冒险买进。我们来看一个实际例子，我直接从图4-16抓两个创新高价的地方来说明：

（1）V点：此时我们预测股价最高值是9,318日元（参照从长期涨幅推算的高点预测值）或9,160日元（参照从中期涨幅推算的高点预测值）。如果从 V点算起，两者的涨幅分别是32%和30%，都还算高，在这个时点买进没有问题。

（2）X点：此时可预测的高点除了上述两个计算结果外，还能从短期涨幅推算出另一个预测值9,670日元；但即使假设股价最高能飙涨到9,670日元，从 X点（8,170日元）上涨到这个预测值，涨幅也才18%，不到20%，因此这个时候不宜买进。

结论是：V点和 X点都是创新高价的位置，但 V点可以买，X点不能买。假如你买在 X点，由于这只股票后来的实际高点是9,580日元，涨幅约有17%，如果你在此时卖掉，就有17%的报酬率；但在实际操作中，我们无法刚好在高点卖掉股票，能从17%拿到一半的获利就很了不起了。

最高点的计算结果可能会因长、中、短期涨幅的切入点，而有所不同。一般来说，只要记得愈短期的涨幅愈接近现实情况这一点即可。以信越化学为例，从短期涨幅推算出来的结果是9,670日元，在3个预测值中最接近实际的最高点9,580日元。但是，保险起见，买进时还是参考3个预测值中最低的一个比较妥当。

另外，我之所以说“V点可以买，X点不能买”，是为了让大家更容易理解“两段式上涨”的概念。实际上，我们不会等到股价突破V点才买进，而是在脱离平稳期后（V点之前）陡升时就买进。

四、K线图漂不漂亮？该怎么看

如何看出K线图漂不漂亮？只要大量看K线图，慢慢就能区分哪些K线图长得漂亮、哪些长得不漂亮。图4–17的日立制作所就是K线图不漂亮的范例。如同前面的例子，我们先拆解它的“两段式上涨”。从K线图中可以看出，它的两段式上涨为：

长期涨幅：$\overline{AB}$和$\overline{CF}$；

中期涨幅：$\overline{CD}$和$\overline{EF}$。

我们假设现在这只股票来到红色箭头标示的新高价位D点（888日元），根据“两段式上涨”的计算方式来看看这只股票是否值得买进。

用长期涨幅计算：

F点的预测值＝C点＋$\overline{AB}$＝604＋（850－366）＝1,088（日元）

K线图不漂亮的范例

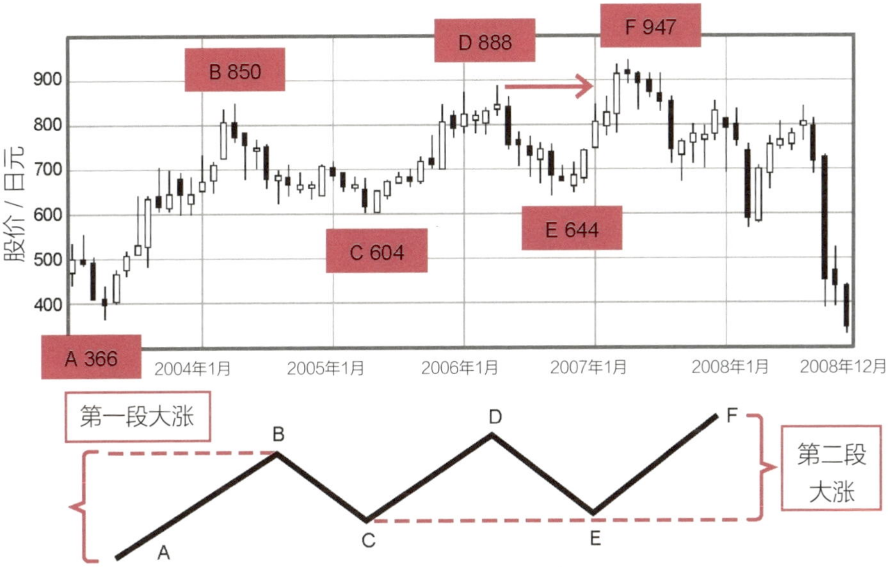

图4-17　日立制作所的月K线

用中期涨幅计算：

F点的预测值＝E点＋$\overline{CD}$＝644＋（888－604）＝928（日元）

从现值888日元到928日元，涨幅不过5%；而如果涨到1,088日元，涨幅有23%，虽然符合标准，但保险起见还是不应该买进。实际上，F点最后只涨到947日元。

日立制作所的股价触顶后，立刻大幅下跌。在F点之前的$\overline{DE}$跌了244日元（D点888日元－E点644日元），而更早之前的$\overline{CD}$涨了284日元（D点888日元－C点604日元）。换句话说，它的跌幅占涨幅的85%，等于在上涨后跌了近九成，证明投资者根本不看好它的基本面。

其实，这只股票在基本面分析的阶段就已经不合格，根本不用再进行“两段式上涨”的分析。换句话说，基本面不佳的股票，用“两段式上涨”的方式筛选的话，一样会被淘汰。

最后提醒大家：高点的预测值不能只在创新高价那天才计算，而是要随着股价的变动，随时修正预测值。虽然太过依赖预测值很危险，但这么做能让你对股价高点做到心中有数，避免面临过了高点股价暴跌却还没卖出的窘境。

第 五 章

卖得好，赚更多

第一节 运用卖出指标的四个重点

获利重点：不执着于卖在最高点。

重要度：★☆☆

前面介绍过我的选股方式，目的是看出飙股的“涨”相。这种飙股要买在创新高价位，也就是K线上平稳后陡升的位置；同时，这种飙股的特性是飙涨后会暴跌，因此股票从一开始买进，就要做好随时卖出的心理准备。

不过，卖出持股比买进决定简单多了，在多数情况下，只需要照着技术分析的指标，机械性地操作即可——当卖出信号出现时，即使该公司的基本面很好，也还是得卖。

投资者也可能碰上基本面恶化而必须卖出持股的情况，不过这种情况很罕见，发生概率不到一成。因此，卖出时机的判断主要还得依赖技术分析。用技术分析得到的卖股指标有4个重点。只要理解并记住这4个重点，今后你卖股时就能当机立断、不必求人。

一、重点一：不执着于卖在最高点

选股时你怎么挑三拣四都不为过，标准可以尽量严苛，因为即使漏抓一条大鱼，也不会产生实际亏损。因此，即使是投资新手，只要熟悉一套好的选股方法，就不会有太大的问题。

相对来说，卖出则是将手上的持股变现，在某种程度上必须跟现实妥协——你迟早都得卖掉股票，但若一味坚持卖在高点，往往会成为亏本的根源。

尽管技术指标有优劣之分，但无论使用哪项指标，几乎都会同期（差距约在数日内）发出卖出信号。当然，这些差异累积起来，也是一笔可观的报酬。但对投资新手来说，当务之急是先学会使用一套好用的买进分析指标，因为买进才是造成获利差异的最大关键。

二、重点二：了解何时适用什么指标

本章将介绍两项技术分析的卖股指标，这两项指标已经得到长期数据的证实，能比其他工具帮助投资人获取更高的收益。

可能有读者会想："是不是只要学会使用这两项指标就行了？"我的回答是："任何指标都有失灵的时候，所以在使用任何一项指标之前，应该先了解它的特性，然后挑选适合的时机使用。"

请见图5-1及表5-1，顺位相关系数（Rank Correlation Index，RCI）这项指标用在股价于高点圈附近徘徊时，效果特别好（将在本章第三节详细说明）；相对地，卖出转换线则适用于股价暴跌时（将在本章第二节详细说明）。

另外，从波动率的观点来看，在高点圈附近，若波动率小，则适合用 RCI；若波动率大，则适合用卖出转换线；我在前著介绍的"卖压比例"，则介于两者之间（见《大涨的信号》第四章第五节）。

不同的卖出指标，适合用于不同的情况

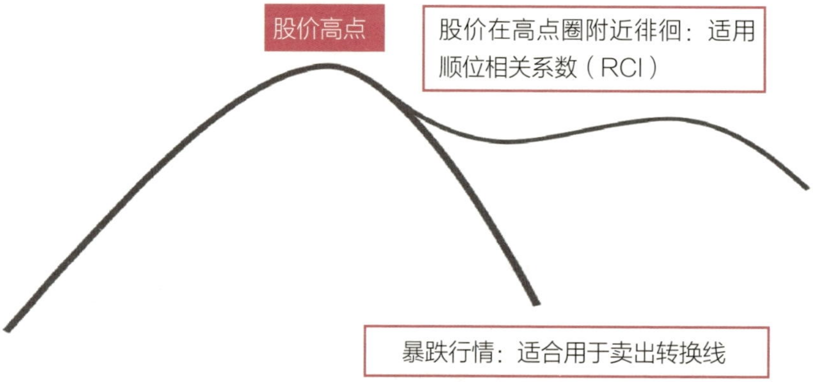

图5–1　股价的波动

表5–1　卖出指标适用情况

卖出指标	特性	与波动率的关系
顺位相关系数	重点在时间的顺序	相关性小时特别有效
卖出转换线	重点在波动率	相关性大时特别有效

三、重点三：小心助跑行情

重点三最重要。了解前两项指标的特性后，接下来要了解这两项指标在什么样的行情中，有可能会失灵。使用卖出指标时，比起“了解指标的作用”，更重要的是“了解这项指标在什么状况下不会发生作用”。

指标如果失灵，就有可能在你卖股之后，股价不跌反升，而最容易发生这种情况的，就是助跑行情。助跑行情是投资者做出卖出决定时最大的关卡，因为任何一项卖出指标，都可能在助跑行情中失灵。

请看图5–2及表5–2，假设股价呈锯齿状上下波动，我们可以把行情

与卖出信号相关的三种走势局面

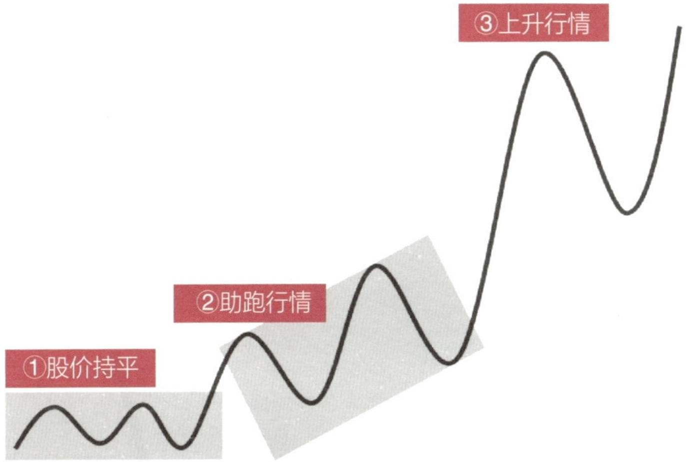

图5-2　与卖出信号相关的三种走势局面

表5-2　与卖出信号相关的三种走势局面

走势局面	股价波动	方向
①股价持平	小	持平
②助跑行情	中	微幅上涨
③上升行情	大	暴涨

大致分成股价持平、助跑行情、上升行情三种。助跑行情介于股价持平与上升行情之间。通常，股价持平时会形成平稳期，助跑行情中股价的走势则像要上涨，又像要形成平稳期，范围会比平稳期大一些。

在第一章第二节的图1–30及图1–31里，我们看到股价如果在第二个平稳期的涨幅较大，代表即将进入上升行情；但在助跑行情中，平稳期股价的上涨不会只出现两次，而是重复好几次，这些多次的微幅上涨就是助跑行情。

在助跑行情中，若是跌幅稍微大一点，很容易就出现假的卖出信号。请见图5-3，如果你在创新高价时买进，由于卖出信号出现，很有可能会出现太早卖出的情形。

助跑行情的卖出信号

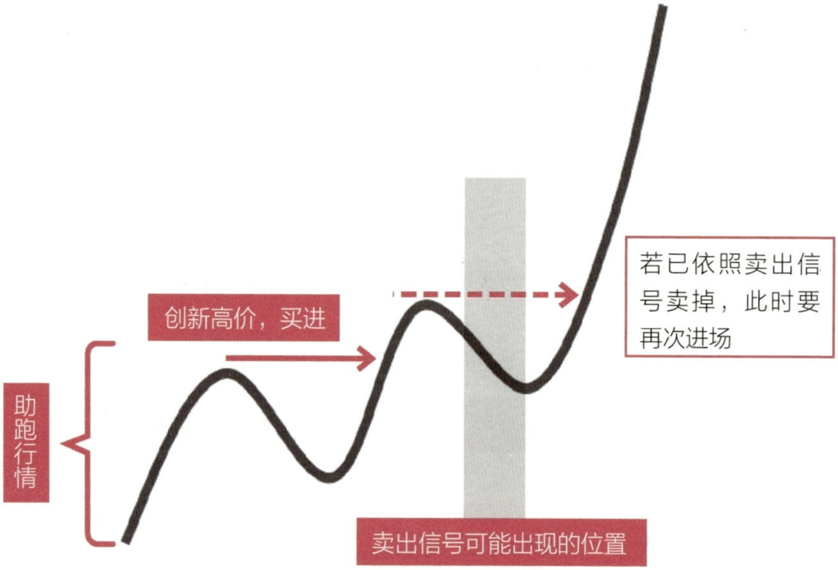

图5-3 助跑行情的卖出信号

助跑行情可能持续很久

以娇联（日本妇幼用品制造商）这家公司为例，假设有人在2006年买进这只股票，一直到2010年再卖出，能获得将近2倍的获利，但如果依照卖出信号操作，获利几乎是0。

请见图5-4，娇联这只股票在2006—2010年多次形成平稳期，股价也屡创新高。此外，它在2009年还没形成平稳期就创新高价，但隔月及

投资人很难从助跑行情中获利

图5-4 娇联的月K线

下下个月都开出阴线，出现卖出信号。

看娇联的业绩，就能发现支撑它助跑行情的原因。2005—2011年，娇联的营业额与经常利益的年均成长率只有7%左右，所以股价上涨比较缓慢。照理说，这样的成长率并未达到我们设定的标准（营业额10%、获利20%），应该不买才对，但有时成长型公司的股价会出现长期维持助跑行情的状况。

有人可能会认为："既然业绩好就先别卖，观察一阵子再说。"但一般来说，当一家公司的基本面渐入佳境时，有时股价会提前反应，达到该卖的高点，因此不能光看基本面就决定买进。

买股时，我们很难判断接下来的上升行情是否会一路飙涨，或只是助跑行情。当整体股市疲软时，该股也可能在助跑行情结束后下跌，此时遵照技术分析的指标做决定，才是最明智的选择。

卖出指标除了在助跑行情可能失灵外，其余的时候都没有太大的问题。尤其在上升行情的高点附近，卖出指标最能发挥作用，其威力甚至能超越基本面分析。

四、重点四：避免做空

到目前为止，卖出的重点大致上已经说明完毕，最后我想再谈谈做空。

做空是指投资者判断股价已涨到高点后，从卖出开始的交易行为。换言之，就是先卖再买，也是投资新手较不熟悉的交易形态。

股票交易通常是低买高卖，做空其实也一样，只不过是先卖再买，所以股价跌得愈重，做空者赚得愈多；但我要请各位读者不要做空，要是卖出后反而出现上升行情，将会蒙受很大的损失，因为这种操作方式太过于仰赖技术分析。相对地，如果从买进开始操作股票，就可以同时利用基本面分析与技术分析来选股，看两个面当然会比只看技术指标强，胜率也比较高。

有些人会想："既然如此，那就在基本面出现恶化时，赶快做空不就好了？"但通常此时股价的跌势会很猛烈，等到你出手时恐怕已经来不及了。请看图5–5，过度依赖技术分析的人，可能会在这种情形中受到重挫。从中期来看，股价只是暂时触顶，之后虽然下跌，但长期来说会继续上涨，朝着更高的价位迈进。

有时上升行情后会有短暂的休息，接着再度进入上升行情。如果过程中处于下跌行情的时间比预期短，做空者就会蒙受很大的损失。

卖出信号会比基本面消息提前出现

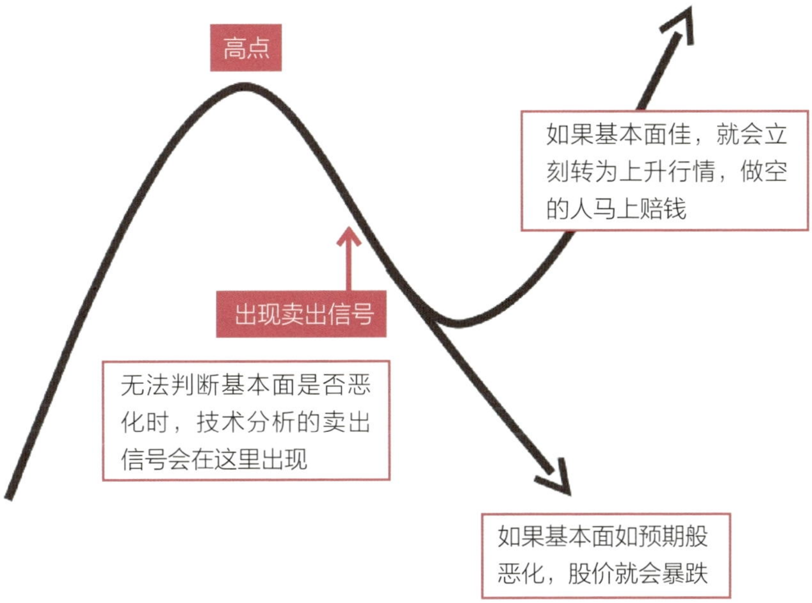

图5-5　股价走势与卖出信号（1）

第二节 暴跌时，注意卖出转换线

获利重点：适用于股价暴跌时。

重要度：★☆☆

卖出转换线是我提出的，简单来说，就是用第四章K线波动率的概念来计算停损点，其原则是："从近期高点算起，跌幅多少就卖出。"例如，假设近期的高点为1,000日元，而你设定的停损幅度是10%，那么当股价跌破900日元时，就得卖出（也就是说，900日元是卖出转换价格）。

请见图5-6，当股价过了左边的小高峰后小幅下跌，但不到10%，由此判断不必卖出；然而，当股价过了右边的大高峰后，股价大跌且超过10%，就必须考虑卖出股票。使用卖出转换线时，时间的长短不列入考虑。也就是说，不管下跌是发生在高峰后的一周或一个月，只要幅度超过10%，就要考虑卖出。

不过，根据我的经验，传统的跌幅定义使用起来效果并不好，因此我设定了根据波动率来计算每天的转换幅度，而非死守10%这个数值。这么做是因为同样的波动率，对于不同的股票来说意义差别很大。

卖出转换价格的算式：

卖出转换价格＝近期高点－转换幅度

当股价跌破卖出转换价格时，就要卖出。

卖出转换线的原理

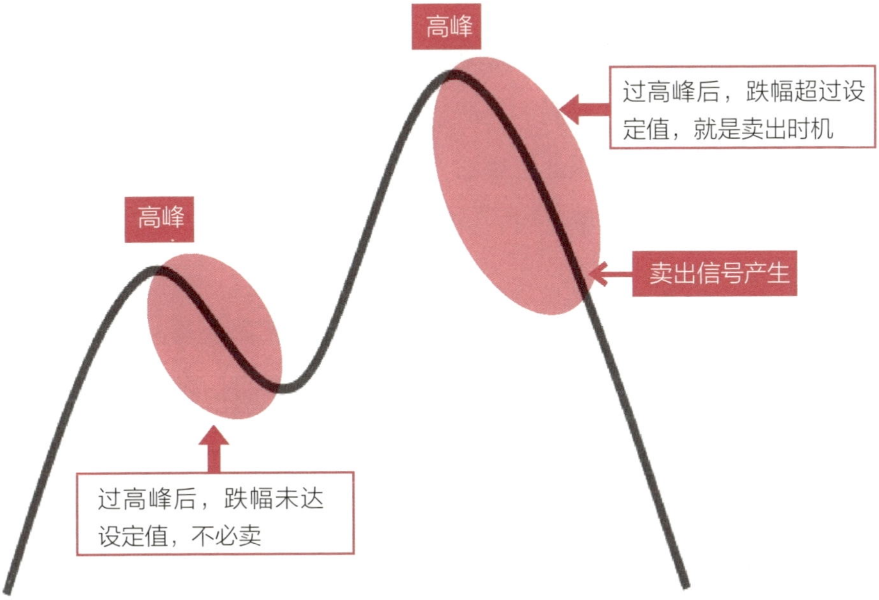

图5-6　股价走势与卖出信号（2）

转换幅度：过去20日平均涨跌幅的3倍。
（平均涨跌幅的算法，请参照第四章第三节）

卖出转换线：由每天的卖出转换价格所构成的曲线。

例如，假设某一天，阿拉伯地区和日本出现了相同的降雨量，在日本会被视为稀松平常，但在阿拉伯地区却是不得了的气候异常，当地媒体一定会大肆报道，因为当地的道路没有排水系统，一定会出现淹水的灾情。同理，股价波动幅度大的股票，稍微跌一点还不至于要卖出；但若是股价波动幅度小的股票，即使下跌幅度不大，也应该考虑卖出。

一、平均涨跌幅度的3倍，就是转换幅度

我们可以把持股粗略分成波动较小和波动较大两组，不过，股价的波动没这么单纯，往往是同一只股票在某种情况下算是波动小，在某种情况下却算是波动大，因此最好的方法是掌握涨跌幅度的平均值。当股价跌破特定的平均涨跌幅度时，就代表波动范围超出标准，已达卖出转换价格。

转换幅度的算式，请先参照第四章第三节的涨跌幅算法，涨跌幅度（20日的平均值）的3倍就是转换幅度。以图4–12为例，第一天和第二天（两天）的平均涨跌幅度是35日元［（40+30）÷2］，3倍就是105日元（35×3），这就是它的转换幅度，但正常来说应该采用20日的平均值。

卖出信号的出现位置

图5–7　三井不动产的月K线与日K线

接着，我们来看一个实际案例。图5-7三井不动产，其股价在2007年5月10日来到4,000日元的高点，之后便进入下跌行情。根据卖出转换线，卖出信号出现在6月14日。图5-8就是依照实际状况描绘的卖出转换线走势。6月14日当天，它的平均涨跌幅度是160.5日元，而近期高点则为4,000日元，因此，根据卖出转换价格的算式，计算卖出转换价格如下：

卖出转换价格＝4,000－160.5×3=3,518.5（日元）

当天它的收盘价来到3,510日元，已经突破卖出转换线了。

卖出转换线的范例

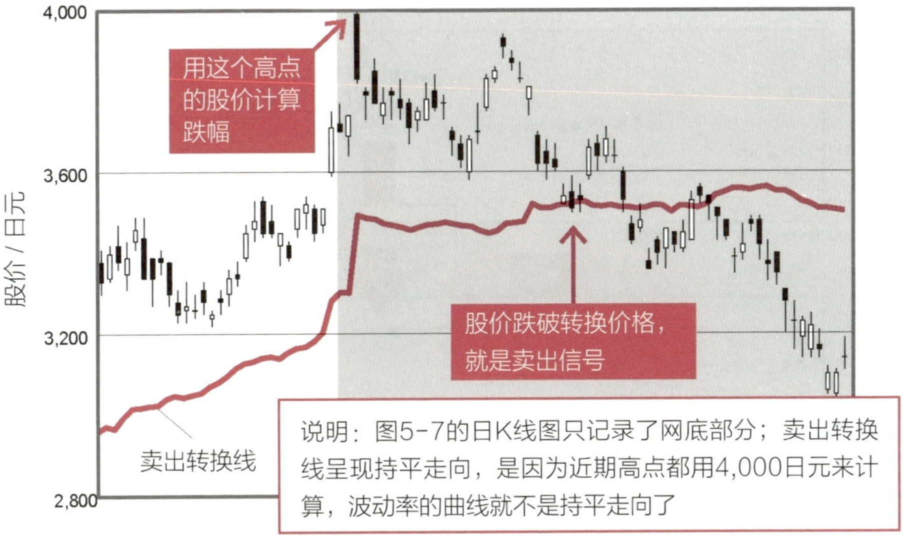

图5-8　三井不动产的卖出转换线

二、何时适用卖出转换线

如果某只股票过去都呈现缓步上涨态势，但突然在某个时间点向下急杀，那么卖出转换线可以比其他的技术分析指标更早发出信号。

请看图5-9的范例，五十铃汽车的股价在2007年7月17日达到720日元高点。根据卖出转换线，卖出信号出现在触顶后的第11个交易日即8月1日，当日收盘价为620日元，若此时卖出，便可以避免之后暴跌到100日元时措手不及。

如果股价过了高点后，平均涨跌幅数值很小，卖出转换线就很难发挥作用，但请放心，在实际的股价走势中几乎不会发生这种状况。

暴跌时，使用卖出转换线的效果最好

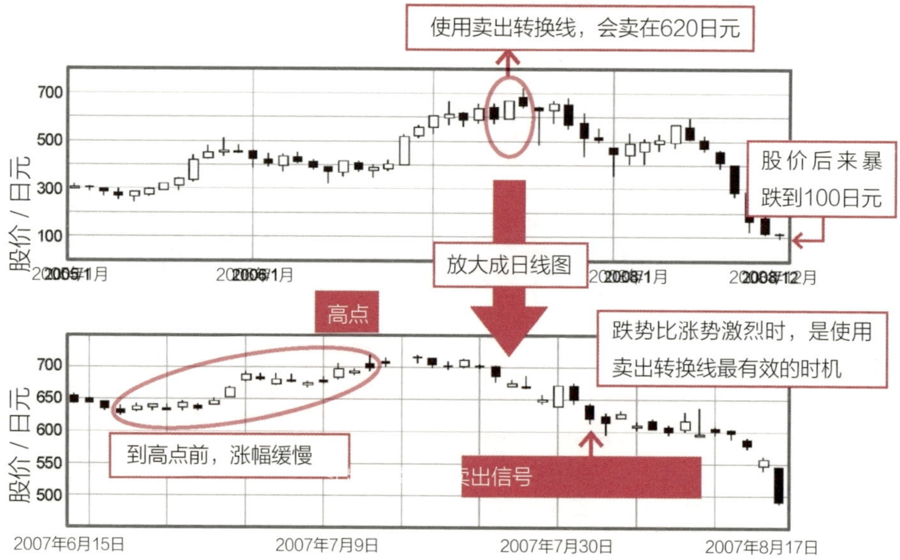

图5-9　五十铃汽车的月K线与日K线

第三节 股价徘徊时，看顺位相关系数

获利重点：股价在高点附近徘徊时，能看出下跌时机。

重要度：★☆☆

顺位相关系数（Rank Correlation Index，RCI）特别注重时间的顺序，我希望投资者学会使用这个卖出指标，因为 RCI虽是股价下跌的信号，但计算时却不考虑跌幅，其概念和卖出转换线刚好相反。

为了让大家理解何谓注重时间顺序的卖出信号，我将以图5–10中的4种模式和4天的股价变动为例子来跟大家说明：1号股价天天下跌，走势非常疲软；2号看不出股价走势是涨是跌；3号明显是下跌趋势，但和1号不同的是，中途（第三天）涨过一次；4号与3号差不多，但第三天涨幅较大，走势比3号强势许多（较难下跌）。

如果只看4日的股价走势，任谁都能一眼就判断出谁强谁弱；但如果是看20日的走势，股价一定会在途中涨涨跌跌好几次，光凭肉眼最多只能感觉“这只股票比较强（弱）”，这种判断还是脱离不了“感觉”的层次。

此时就该 RCI出场了。RCI能将股价走势数值化，如果把图5–10中的4种走势以 RCI计算的话，结果如下：

从股价走势掌握顺位相关系数

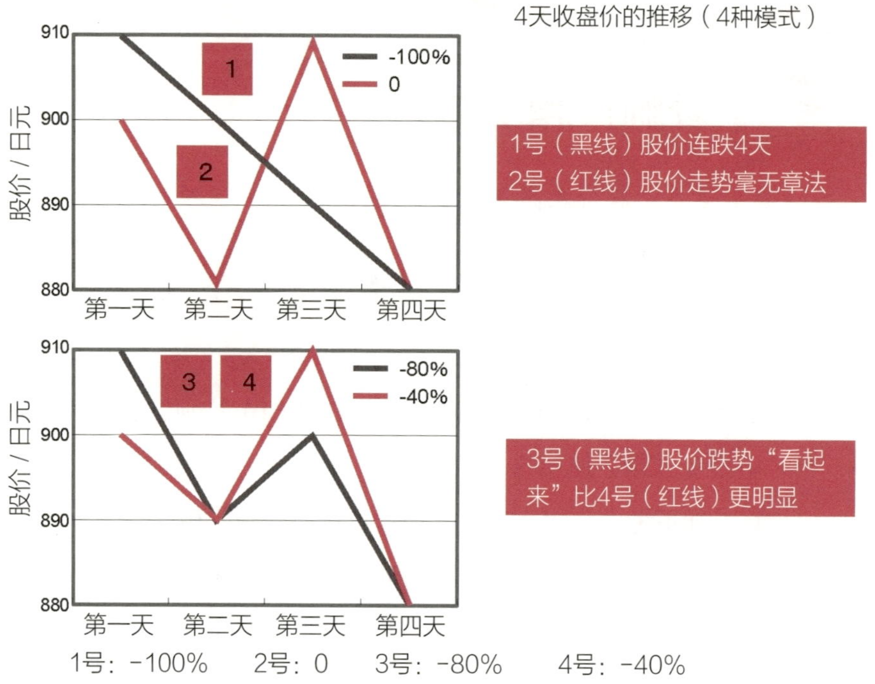

图5-10　四种走势

RCI注重的是“股价变动的顺序”与“时间推移的顺序”之间的相关性，随着时间的推移，若股价的下跌倾向愈明显，则判断该股的股价将愈倾向走弱。某些技术分析的教科书会用 RCI来衡量上升行情的强弱，但我只把 RCI当成卖出信号使用。

一、RCI的强项在大家意想不到的地方

图5-11最能体现 RCI的厉害之处。图中有两条走势线（黑线和红线），乍看之下，红线的走势较弱，但如果根据 RCI的定义，其实这两

RCI的厉害之处：看出这两种走势一样弱

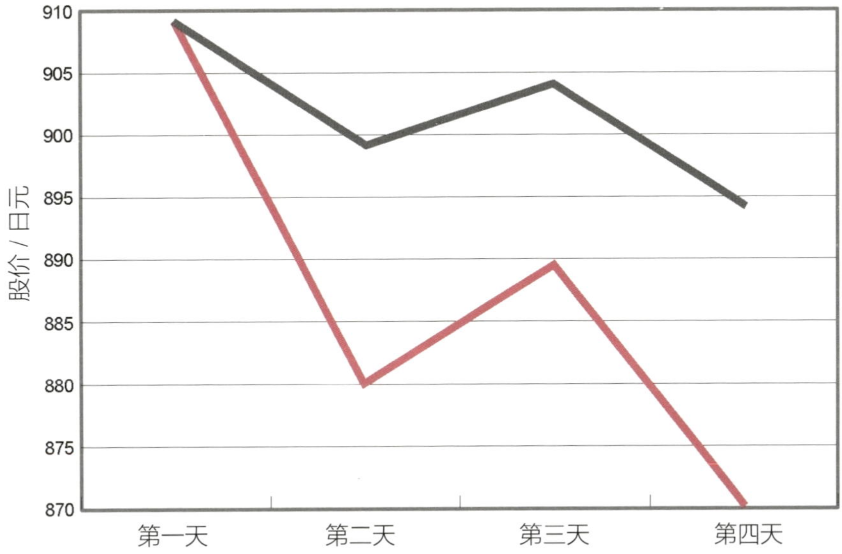

图5-11　4天收盘价的推移（两种模式）

条线的走势一样弱。

这两条线的走势都是第一天最高，第四天最低，第三天第二高，第二天第二低。换言之，两者的日期顺序与股价位置关系是一样的。RCI不注重股价，所以只要日期和股价的关系一致，就可以算出同样的 RCI数值。

有些人可能会想："等等，这张图怎么看都是红线的走势较弱，可是它们的 RCI数值却一样，这不就表示 RCI这个技术指标有问题吗？"没错，这个说法也有道理。事实上，世上没有完美的指标，每个指标都有一定的弱点，只是把RCI当成卖股信号时，RCI的强项是：它能从图5-11中，判断出"黑线和红线的走势一样弱"。

谁都能一眼看出红线的走势弱，因此能判断出“黑线也很弱”才是关键。毕竟，能在股价已经下跌一阵子后，判断出“行情即将进入空头”的技术指标多的是，但能在行情还没有下跌太多时，就判断出“行情已经进入空头”的指标，则非常稀少。

二、RCI的公式

以下就是顺位相关系数 RCI的公式。

$$RCI=\left[1-\frac{6D}{\text{天数}\times(\text{天数的平方}-1)}\right]\times 100\%$$

说明：D的算法另外介绍。

顺位相关系数的公式：

现在我们把公式套用在图5-10的4个走势图中，因为只有4天，所以算式如下：

$$RCI=\left[1-\frac{6D}{4\times(4\times4-1)}\right]\times 100\%$$

至于D的算法，我们一边看图5-3，一边说明。

表5-3是图5-10里3号的股价走势，股价从4月1日到4月4日，4天的价位从高排到低，依次是910日元、890日元、900日元、880日元。我们用这个例子来示范 D的计算方式，如下：

D的算法：以图5-11的3号为例

表5-3 D的算法

日期	①从最近的日期回推日期顺位	股价/日元	②从价位最高者开始排股价顺位	③将日期顺位减去股价顺位（①-②）	③的数值平方
4月1日	4	910	1	3	9
4月2日	3	890	3	0	0
4月3日	2	900	2	0	0
4月4日	1	880	4	-3	9

（1）将日期排序，最近日期为1，愈久之前的日期数字愈大。以这个例子来说，4月4日为1、4月3日为2、4月2日为3、4月1日为4。

（2）将股价由大至小排序，910日元为1、900日元为2、890日元为3、880日元为4。

（3）将日期顺位减去股价顺位，以4月4日为例，日期为1，股价为4，所以是1-4=-3。

（4）将第（3）步骤的结果平方。以4月4日为例，就是 -3的平方，数值为9。

（5）将平方后的数字全部加总，最后得出的数字就是D=18。

我们再把D的数值套进前面的公式中：

$$RCI=\left[1-\frac{6\times 1.8}{4\times(4^2-1)}\right]\times 100\%=-80\%$$

一般 RCI会计算一个月（20个交易日），时间顺序会从1标到20，算起来还挺麻烦的，但只要代入 Excel试算表就简单多了。

另外，如果在计算期内出现一样的股价，该怎么办呢？有一种算法是：假设第二高的股价与2日一样，2的顺位就有2个，之后便跳过3，从4开始排序。还有另一种算法是：第二高和第三高的股价排序都标示为2.5。不过，这两种算法算出来的结果差异并不大。

三、RCI超过 –70%，就是卖出信号

接下来的实际例子，会让你更进一步了解如何运用RCI。

将顺位相关系数视为卖出信号的实例

图5–12　关西电力的月K线与日K线

顺位相关系数的显现方式

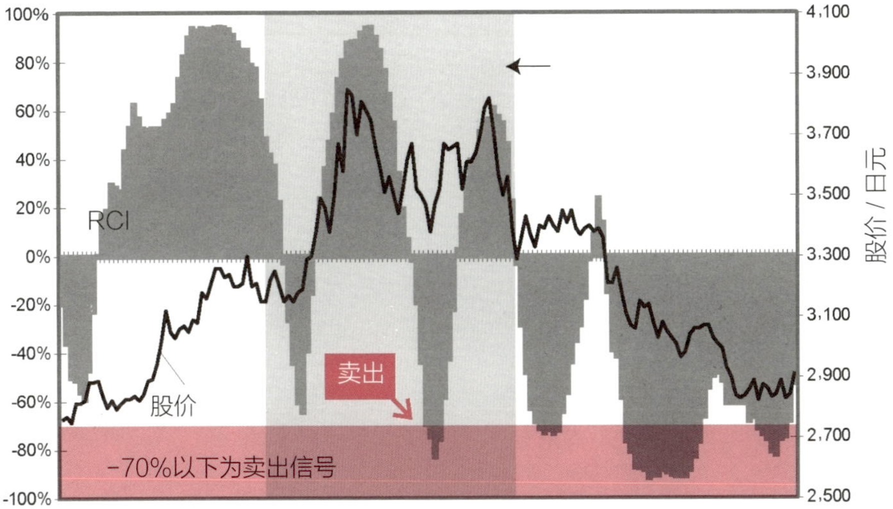

图5-13 关西电力的日K线与顺位相关系数

图5-12是关西电力的股价从触顶后进入下跌行情的过程。这只股票在2007年2月6日于3,850日元收盘后触顶，卖出信号则出现在18个交易日后的3,380日元。

图5-13则是将股价与时间转换成 RCI的结果，超过 -70%就可视为卖出信号。或许有人认为：“这个卖出信号出现得太迟了，有没有更早知道可以卖掉的方法？”其实很简单，只要把标准从 -70%改成 -60%就行了。不过，我会把 RCI设在 -70%自然有我的道理，请看图5-13，即使在上升行情里，RCI也有可能掉到 -60%左右，因此设在-60%可能会卖得太早。

最后，RCI擅长从股价徘徊中看出下跌时机，所以它对于暴跌的状况很可能来不及反应，这一点请务必小心。

第六章

只要看懂大盘，
不必做空，
下跌行情怎么买怎么赚

第一节 如何看出大盘会上涨、暴跌或盘整

获利重点：在下跌局面，多看少做是最好的策略。

重要度：★★☆

你所选中的股票，即使公司获利蒸蒸日上，股价走势还是会受到整体环境的影响，因此，要想提高获利表现，你还得学会大格局思考。所谓的“大格局思考”就是：了解目前的股市环境，并且预测未来的变化。用天气来打个比方，就是要预测大盘未来会继续放晴还是开始变天。

股市行情如果只分涨跌两种，未免太过草率，因为大盘最常见的情况就是长时间不上不下、多空对峙的盘整行情。因此，我把股市分成上升期和混乱期，这两种状况会交替出现。上升期就是行情暴涨的时期，而混乱期除了行情暴跌的时期，还包括平稳期。就像天气不光只有“晴”跟“雨”，还有“阴天”一样，把股市的阴跟雨归在同一类，就是混乱期。

请看图6-1，上升期和混乱期可再进一步分成上升局面和下跌局面。上升期以暴涨的上升局面为主体，下降局面只是短期状况，这跟混乱期的暴跌期以暴跌的下跌行情为主体刚好相反；至于混乱期的平稳期，则是平缓的上升局面与下降局面交替出现。

上升期和混乱期的表现

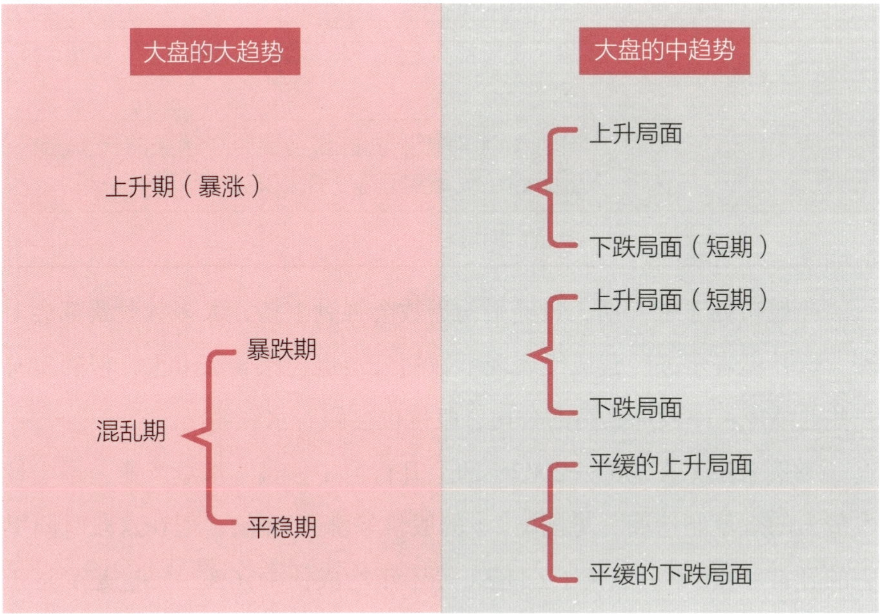

图6-1 上升期和混乱期的表现

接下来，本节会依照以下顺序逐一说明。

（1）上升期：以暴涨为主体。

（2）混乱期的第一阶段：暴跌期以暴跌为主体。

（3）混乱期的第二阶段：平稳期。

一、上升期的特征：不管什么股票都容易涨

目前我们的投资环境处于混乱期，要想在混乱行情中持续获利，就必须掌握混乱期的特征。不过，首先我们要从上升期说起，这样比较便于你对照理解。上升期的特征见表6-1。

表6-1 上升期的特征

市场行情的形态	强劲的上升轨道
会上涨的股票	多种类股都会上涨，未达飙股筛选标准的个股也可能会上涨
特征	出现代表时代潮流的新名词，如达康时代（dot-comera）、金砖国家（BRICS）
时间	比混乱期短

当股市处于上升期，日经平均指数会强劲上扬，大多数股票都会上涨。这并不表示连经营成绩表现不好的公司也会跟着涨上去，但确实有一些业绩成长率没那么高的公司，股价也会跟着水涨船高。

举例来说，在2003—2007年的上升行情中，日本烟草产业公司（日本最大的烟草制造商，见图6–2）的股价暴涨了5.5倍，但在这段时间里它的经常利益5年只成长了2.1倍（等于年均成长率16%）。这是受惠于日经平均指数在5年成长了2.4倍，因此尽管这只股票的经常利益年均成长率只有16%，根本不符合飙股的标准，投资人还是愿意买单。

请回想我在第一章所举的微软股价（见图1–5）的例子，它当时的年均获利成长率只有14%，所以股价迟迟涨不上来。日本烟草产业公司的获利成长率跟微软差不多，却能成为飙股，就是因为市场处于上升期。

媒体会为上升期取特定名称，例如2003—2007年新兴市场国家崛起，当时最火的投资名词就是“金砖国家”，或像是1999—2000年被称为“达康时代”。日本还会帮景气取名，如“岩户景气”（指日本1958—1961年经济增长时代）、“神武景气”（指日本1954—1957年高度经济高速增长时代，意指从日本初代天皇——神武天皇以来从未有过的好景气）等，这些新名词都会对股价产生很大的影响。

二、暴跌期的特征一：大盘比企业更早反映景气

当上升期遇到暴跌时，混乱期便展开序幕。没有行情会像飞机着陆那般缓慢平稳地下降，因此，混乱期的第一阶段“暴跌期”，最大的特征就是“快”。这表示股市的变化走在经济前面。当企业主、政客、民众还沉浸在好景气的氛围里时，殊不知股价早已触顶，进入快速下跌行情。

图6-3是2006—2009年日经平均指数与工业生产指数（一种用来衡量经济成长率的指标）的对照表。日经平均指数在2007年7月触顶（18,000点）转跌，工业生产指数则在2008年8月左右（13个月后）突然急速恶化，然而，此时的日经平均指数已经跌到13,000点了。

日经平均指数本来是从7,600点飙涨到最高点18,000点（涨了10,400点），因此从18,000点跌到13,000点，代表增长的市值蒸发了一半。股市早就出现了不好的苗头，开始进入暴跌行情，而企业界却相隔一年才踩急刹车，减少产量。通过这个例子，你应该可以了解投资界与企业界的反应速度差异有多大了。

因此，请再记住一个重点：思考股价的未来走向时，千万别从街道的热闹程度、计程车的排班队伍长短之类的田野调查式的资讯来做判断。因为股价是景气的领先指标，根据景气判断股票走势是反果为因。

三、暴跌期的特征二：获利再好，股价照样暴跌

世上只有抗跌性强的公司，没有抗跌性强的股票；当大盘进入暴跌行情，最恐怖的就是再好的公司股价也照跌不误。

表6-2及表6-3是日本各类股（香烟、药品、啤酒、电力、铁道等）的指标性公司，在2007—2009年的金融风暴中股价与获利的表现。上面的公司即使景气不好，获利也仍能维持一定的水准，是标准的抗跌股；尽管如此，遇到暴跌行情，它们的股价跌幅还是令人咋舌。

这些公司不管获利或股价的衰退幅度都比景气敏感股（钢铁、电机、重工、精密、汽车、纤维）中的公司来得小，股价跌幅也比日经平均指数（重挫62%）好很多。

但即便是在抗跌股中，也有不敌景气衰退、获利不断恶化的公司，这些公司股价大跌我们还能理解，可是像 JR东日本、安斯泰来制药这两家公司，经常利益的衰退跌幅只有2%和4%，获利表现不俗，股价却照

经常利益年均获利只成长16%，在上升期也能成为飙股

图6-2　日本烟草产业公司的股价与经常利益

股价的反应早于景气

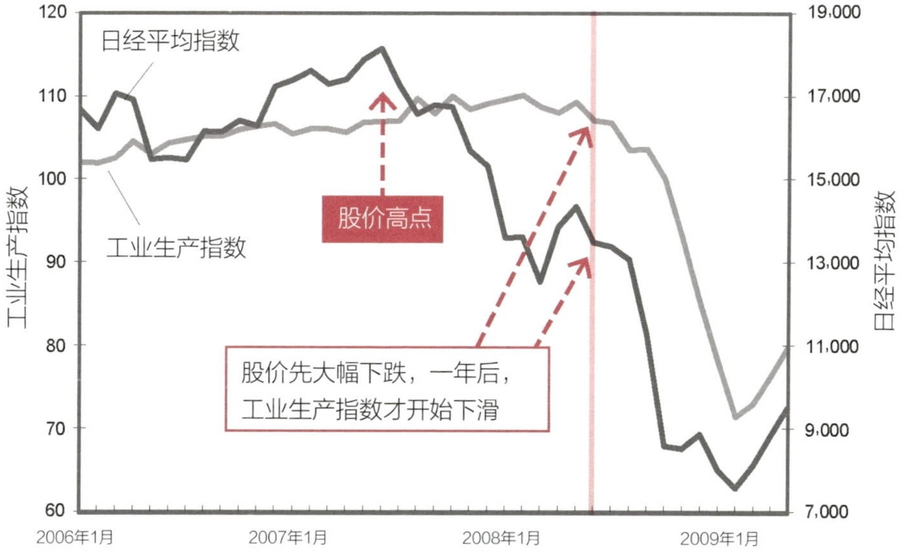

图6-3 股价的反应早于景气

样惨遭腰斩——现在大家知道媒体沸沸扬扬地讨论哪些股票抗跌性强，是多没意义的事情了吧。

机构投资者喜欢寻找抗跌股，是因为即使拿来投资的资产变少了，但只要减少的幅度小于市场平均值，他们就能获得“战胜市场”的美名。而身为散户，没有人喜欢看到自己的资产减少，相较之下，机构投资者的挑战轻松许多。

四、暴跌期的特征三：投资者最不必害怕的时期

经历行情暴跌绝对不是什么令人愉快的体验，但对于采用我的选股方式的投资人来说，暴跌并非是可怕的现象，理由如下：

在暴跌行情，再好的公司股价也会大跌

表6-2　抗跌股

股票代码	公司名称	股价跌幅	经常利益成长率
2914	日本烟草产业公司	-69%	-15%
4502	武田药品工业	-63%	-44%
2503	麒麟啤酒	-56%	-16%
9501	东京电力公司	-54%	转盈为亏
9020	JR东日本	-53%	-2%
4503	安斯泰来制药	-50%	-4%
平均		-58%	-16%

注：这两家公司经常利益的衰退跌幅很小，股价却仍惨遭腰斩。

表6-3　景气敏感股

股票代码	公司名称	股价跌幅	经常利益成长率
5401	新日铁	-74%	-44%
6501	日立	-73%	转盈为亏
7011	三菱重工	-73%	-31%
7751	佳能	-72%	-37%
7203	丰田汽车	-69%	转盈为亏
3402	东丽	-69%	-79%
平均		-72%	-61%

注：平均为中间值。股价跌幅从2000年最高点到2009年最低点计算，经常利益成长率是从2007年到2009年3月的最高点计算。

（1）暴跌时所有股票都下跌，没有新的股票要买进。

（2）暴跌时若手上还有股票，在跌幅超过买价8%时立刻停损卖出，就不必担心赔太多（停损点建议设为买价的8%）。

原本100的资产变成了92，还在可以接受的范围内。可见，只要做好停损，就完全不必害怕暴跌期的到来。

五、平稳期的特征一：选股要比暴跌期更小心

暴跌后是混乱期的第二阶段：平稳期。平稳期的特征见表6-4，这个时期看不出行情即将上升或下跌，行情会不断重复平缓的上升与下跌局面。

平稳期的特征

表6-4　平稳期的特征

行情的形态	紧接在暴跌之后的稳定形态
上涨的股票	只有少量股票，或符合本书选股条件的股票会上涨
特征	平缓的上升局面与下跌局面会交替出现
时间	比上升期长

在混乱期的第二阶段，很容易出现飙股，尽管数量没有上升期多，但股价至少不会像暴跌期那样全面惨跌。这段时间若是出现基本面佳的股票，投资人应该积极买进。

要注意的是，在混乱期里，上升行情的时间比较短，有些股票可能没涨多少就触顶。也就是说，有些股票的上升趋势在助跑行情阶段就结束了。如果不小心在平稳期买到这种股票，亏损的风险就比暴跌期还要大。

六、平稳期特征二：时间很漫长

混乱期最大的特征就是时间非常长。暴跌期的时间很短，但紧接在后头的是持续很长一段时间的平稳期。图6–4显示混乱期和上升期交替出现的模样。有一个信号能判断大盘是否结束混乱期，进入上升期——指数创新高，宣告新时代的来临。

市场行情分上升期和混乱期

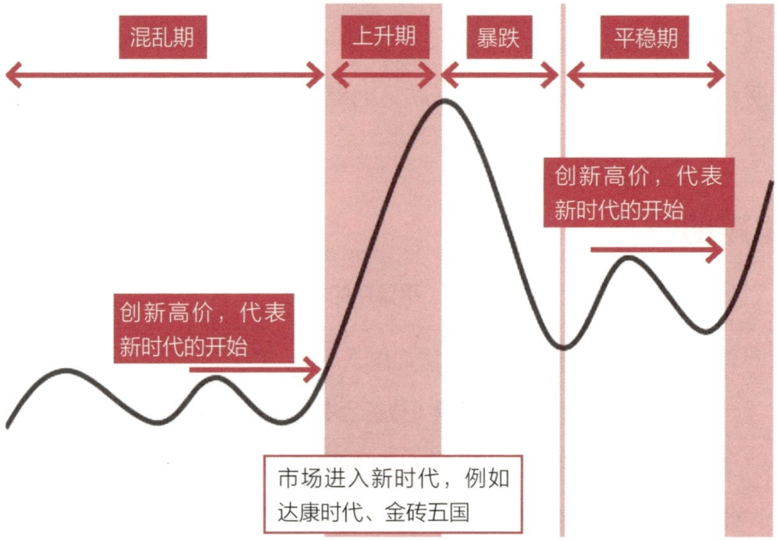

图6–4 市场行情分上升期和混乱期

图6–5显示美国股市在1929年大暴跌后，进入混乱期的情形。最初3年，股价从高点暴跌了86%，之后前景不明的行情持续了很长一段时间，直到13年后的1942年，才又开始一波新的上涨行情。但投资者直到美国股市创新高价、进入新的上升期后，才认识到这个情况：时间点是1945年第二次世界大战结束，世界霸权移转到美国手中之际。

美国股市的混乱期

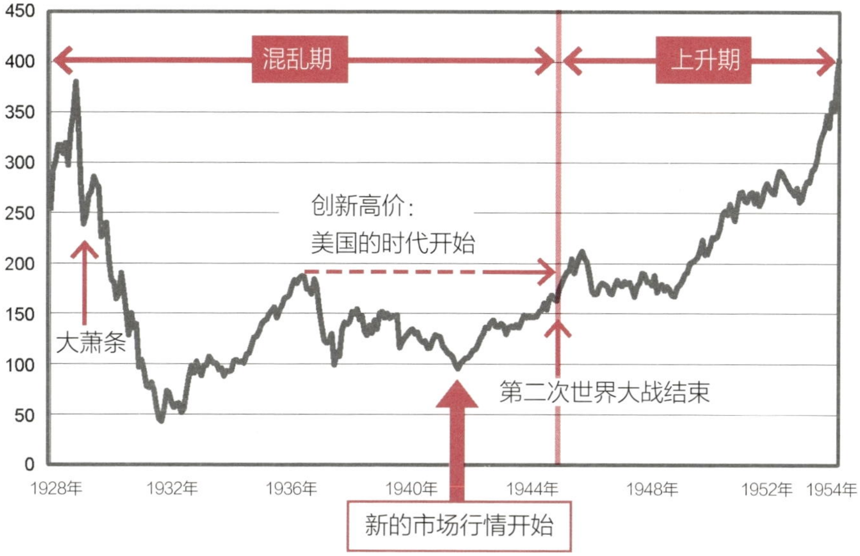

图6-5　美国道琼斯工业指数

混乱期的时间很长

表6-5　行情触顶及之后的状况

参考指数	触顶时间	高点后的跌幅	从高点跌到谷底的时间	从混乱期到新的上升期所花的时间
美国股市指数	1929年9月	-86%	3.0年	13年
黄金价格指数	1980年1月	-70%	19.6年	20年
石油价格指数	1980年10月	-75%	18.2年	18年
日经平均指数	1989年12月	-82%	17.8年	22年以上＊
纳斯达克指数	2000年3月	-78%	2.6年	12年以上＊

注：＊表示现在仍在进行中。

表6-5显示，大盘指数或商品价格在暴跌后，在平稳期停滞多久才进入上升期。例如黄金和石油价格在1980年触顶后，分别经过约20年与约18年的平稳期，才进入新的上升期。

为什么这么久？我们以纳斯达克指数为例来说明。

纳斯达克指数的科技股占比很高，上一个上升期的结束时间是网络热潮结束的2000年3月，此后便进入混乱期。网络热潮是在手机与电脑普及的背景下诞生的，这种新科技并非几年就出现一次，而是数十年才会出现一次的大发明。因此，纳斯达克指数在网络泡沫化后，等于失去了行情的重要支撑。由于短时间内很难再出现类似的革命性产品，因此纳斯达克指数暴跌后，只能长时间停留在平稳期。

正因为平稳期都很漫长，所以当有人告诉你再过多久，大盘就会涨到多少点时，你不要相信，这种预测通常不准，唯一可以肯定的是，全球股市接下来仍会持续低迷。

第二节 不必懂经济学，看懂行情的大趋势与中趋势就够用

获利重点：股市进入下跌局面后，手上不要持股。

重要度：★★★

一、下跌局面，买股票要特别小心

混乱期很漫长，而且在当中的平稳期里，下跌局面会不断出现；而下跌局面正是累积资产的大敌。投资者如果选在下跌局面进场，大多会以失败收场，因为就算买进的股票基本面很漂亮，也会被大盘指数拖累。

例如图6–6、图6–7及表6–6的日本网络广告公司 Cyber Agent，其股价在创新高前，获利分别成长了45%（6个月前）、59%（3个月前）和202%（当季），获利表现这么亮眼，股价却跌了39%。之后，它的获利继续创下142%、124%的3位数成长，可见股价下跌绝非投资者不看好它的未来获利所致，而是被日经平均指数下跌拖累（日经平均指数从2010年4月开始进入下跌局面）。

因此，当大盘重新回到上升局面，Cyber Agent 便创下新高价，然后在短短2个月内，股价又从创新高价的位置往上飙涨了58%。所以，无论你是买在2010年春天创新高价（实线）的位置，还是买在秋天创新高

价（虚线）的时候，报酬率都差不多（不过，实线的范围超过79%，实在太大，称不上平稳期，从这个观点来看，春天进场比较有胜算）。

获利表现亮眼的股票，也可能被大盘拖累

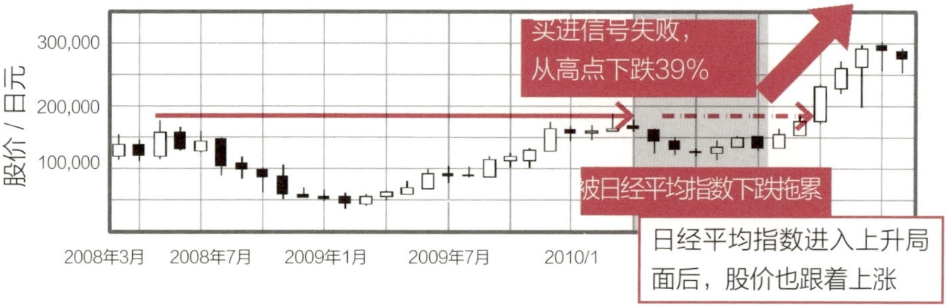

图6-6　Cyber Agent 的月K线

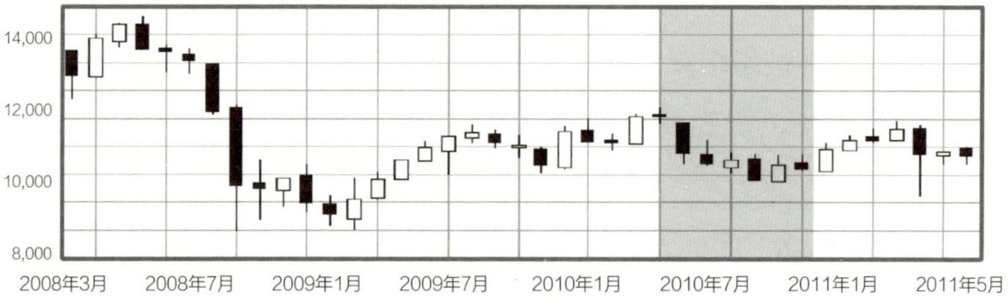

图6-7　日经平均指数的月K线

表6-6　买进信号前后的获利成长率（与上年同期相比）

买进信号前后的获利成长率（与上年同期相比）	
6个月前	45%
3个月前	59%
当季	202%
3个月后	142%
6个月后	124%

如果预测大盘之后的走势是件简单的工作，那就真的太好了，可惜这偏偏是投资股票最难的课题，因为股市里的创新高价股属于绝对少数。

我选择投资创新高价股，是因为这种股票飙涨的概率最高；相对地，我不买非创新高价股，是因为没人能预测这种股票接下来会涨还是会跌，但偏偏这种股票占整体股市的99%以上——当整体股市有99%以上的个股无法预测未来走势时，当然很难判断大盘未来的走向如何。因此，我强烈建议大家，如果有人在电视上发表“大盘指数会涨到几点”之类的预言，千万不要相信。

二、大趋势：看世界主要指数的走势

以下有几个方法，可以帮助你简单地观察股市的大趋势和中趋势，还有上升期和下跌局面。我们先从大趋势开始判断现在到底是处于混乱期还是上升期。从全球主要的大盘指数中，我们可以判断股市何时会从混乱期进入上升期。

观察点一：是否突破近期高价

创新高价是分辨飙股的重要条件，而且这一点不只适用于个股，也适用于大盘指数。请见图6-8，日经平均指数在2005年进入一波强势的上升行情前，突破了2002年与2004年的高价。美国股市在1929年大暴跌后，进入上升行情前，指数也曾创新高（见图6-5）。

以现在这个时间点（指2012年第四季）来说，日本股市要进入新一波上升局面，必须突破2010年4月11,408点的高点（2013年12月16日的收盘价为15,152点）。之所以说是“现在这个时间点”，是因为这个数值会随着时间向下修正，详细情况我会在观察点三详细说明。

突破过去高点，是进入上升期的条件

图6–8　日经平均指数的月K线

观察点二：比较世界主要的大盘指数

就像投资独行狼股票飙涨的概率很低一样，如果全世界只有日经平均指数上涨，那么这个上涨行情也有可能是假的，因此我们必须看看世界主要股票指数的动向。

请见图6–9，亚洲各地区的股市几乎都有联动关系，指数都在2003年从谷底反弹（其实欧美股市也一样，只是把全世界的指数都放进这张图，看起来会很乱）。现在全世界正在逐渐形成一个大经济体，所以就连各地区股市的指数高点与低点的出现时间也愈来愈趋向一致。

亚洲的股价指数的波动都非常类似

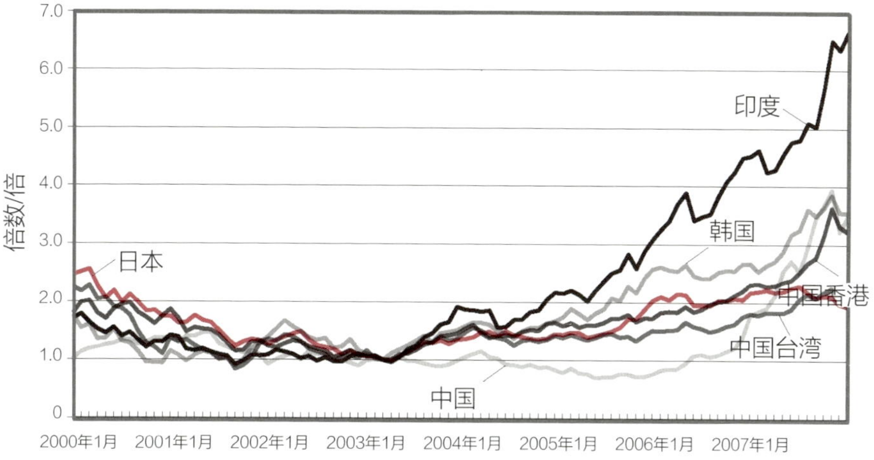

注：以2003年3月的股价为基准推算出成长倍数。

图6-9　亚洲各国股价指数的月K线

创新高价后，进入上升局面

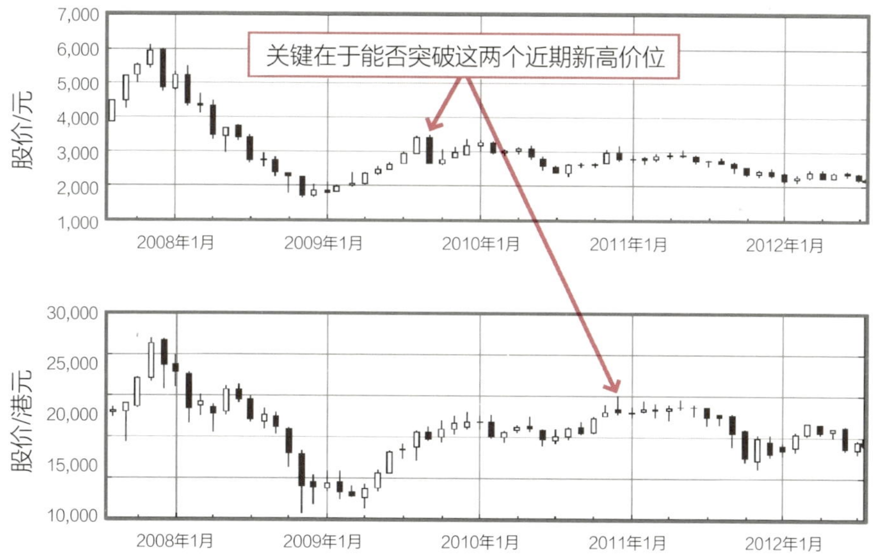

图6-10　中国上证综合指数与中国香港恒生指数

日本的大盘想上涨，必要条件就是和低迷的全球股市一起进入上升期。请见图6-10，以中国的上证综合指数来说，它必须突破2009年8月3,500点左右的高点（2013年12月17日为2,148点）；中国香港的恒生指数则必须突破2010年11月25,000点的高点（2013年12月17日为23,114点）。当市场开始转为强势的上升行情时，这些指数几乎会同时创下新高。

观察点三："过去高价"的位置不会一成不变

指数突破过去高价，就是景气的转阳信号，但过去高价的位置会随着时间而改变。请见图6-11，当日经平均指数的下跌局面不变时，转阳信号的位置也会不断下移。我在第一章图1-27曾经说明，当股价的波动范围像皮球的弹跳般逐渐变小时，突破平稳期后陡升的位置就是买点，同样的道理也能运用在大盘指数上。

大盘指数的创新高价位置不会一成不变

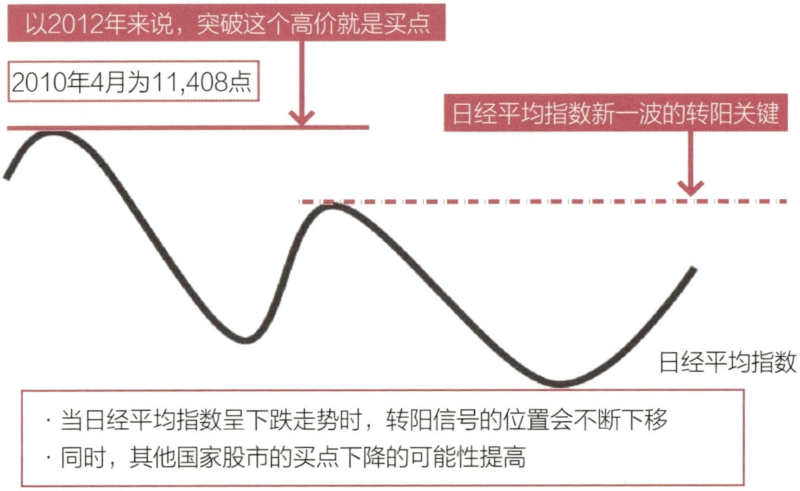

图6-11　大盘指数波动

同样地，当一国指数突破高价的位置愈来愈低，世界其他主要指数也会出现相同情形。如果全球股市只有日经平均指数的创新高价位置愈来愈低，就代表日经平均指数进入上升期的时间遥遥无期。

三、中趋势：看国内创新高价的公司有几家

相较于大趋势是从全球市场来判断本国指数的未来走势，中趋势则是只看本国市场现在究竟处于上升期还是下跌局面。要观察本国的大盘，首先要看市场上有多少创新高价股。

在上升局面中，不是所有的股票同时上涨，而是由创新高价股带头涨起来，然后整体股市才会跟着涨起来。因此，当带头飙涨的个股数量愈多时，就代表上升动能愈强。我们可以用下面的公式算出具体的数据。

$$\text{创新高价股数量比}=\frac{\text{过去一年创新高价股数量}}{\text{上市柜公司总数}}\times 100\%$$

至于这个比例的数值要怎么看，请参考以下两点：

第一，要判断市场是否为上升局面，请比较大盘指数的高峰与创新高价股数量比的高峰。

照理说，大盘指数的高峰愈往上爬，创新高价股数量比的高峰也会跟着往上，但请见图6–12，指数明明正在走下坡路，创新高价股数量比却在上升。换句话说，光是对照指数与比例，我们就能预测市场已经崭露曙光。但就现实来说，日本股市应该会跟着全球市场一起变动，因此还是得考虑世界各大指数的动向。

即使日经平均指数下跌，创新高价股数量依然在增加

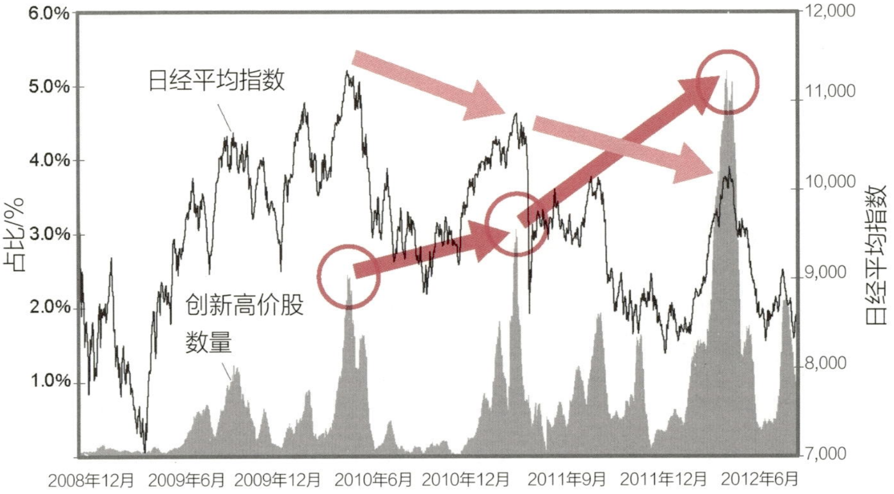

注：左边为创新高价股数量比。

图6-12　日经平均指数与创新高价股数量比

第二，当指数进入上升期时，由于股价之前低迷了好一阵子，所以创新高价股数量会暴增，使得比例也跟着走高。

当大盘的涨跌幅度高达50%时，要想真正理解背后的原因，可能需要相当深厚的经济知识，但光要搞懂经济学就不知道要花多少时间了，而且就算知道原因，也不代表我们就知道股市何时能进入上升期，或会不会继续探底。

相较之下，我在本章介绍的掌握大格局的方法就相当实用，而且我的方法一天只需要花几分钟时间就能检视全球各大指数的情况，对于投资者来说既省时又有效。

第三节 行情混乱期，怎么捡便宜

获利重点：业绩成长率突破过去10年新高，立刻买进。

重要度：★★★

混乱期的逆风状况特别多。当我们顺着风吹的方向走时，会感觉步履变得轻盈；但逆着风走，每往前踏出一步都很艰辛。日本天气大多是无风或微风，但股市里却经常会有暴风。

在混乱期，除非有利多消息出现，否则即使没有利空消息，股价还是会持续下跌。换句话说，在这种情况下，我们只能买有利多消息的股票。这个原则也适用于上升期，只是在混乱期要更加严格遵守。

以下我会先举例说明混乱期不可买进的四种原则，然后再介绍在混乱期该怎么捡便宜。

原则一：获利没有突破之前的高峰，别买

图6–13显示三菱商事的税后纯益在2008年3月达到高峰（4,709亿日元），但在全球经济不景气的大背景下，税后纯益在2010年3月比高峰时衰退了四成。股价在谷底时也蒸发了77%，之后该公司获利回升，2012年3月回到高峰的96%，几乎算是重返高峰了。如果股价能如实反映企业的基本面，照理说三菱商事的股价应该也要涨回96%，但实际上，它的股价只剩下高点的一半不到。

即使获利重回高峰，股价也只剩一半

图6-13　三菱商事的月K线

获利稳定成长，股价照样下跌

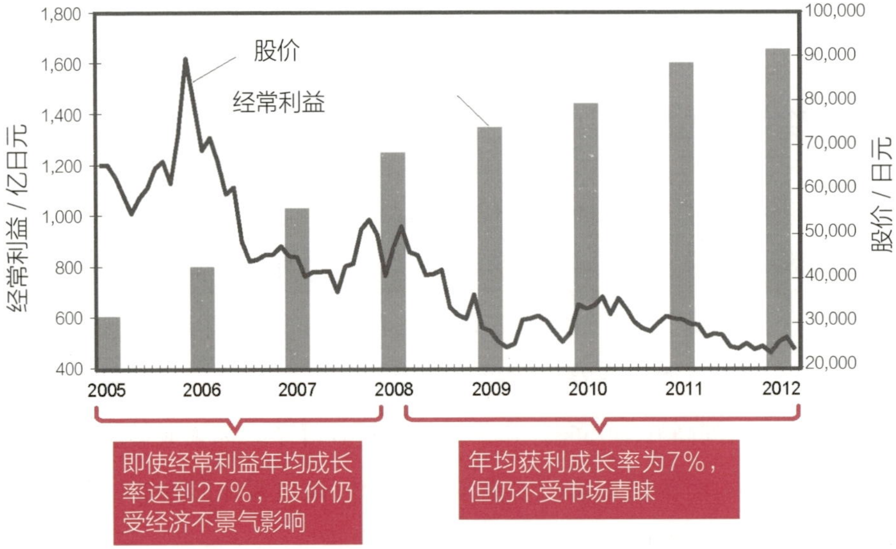

图6-14　日本雅虎的股价和经常利益

原则二：获利必须快速成长，而非稳定成长

图6-14的日本雅虎则是从快速成长变成稳定成长，从2008年3月起，年均获利成长率为7%。如果说股价会和获利联动，那么股价也应该每年成长7%才对，但实际上，它的股价不仅跌幅超过日经平均指数，2011年的低点更是从高点跌掉77%的市值。

原则三：单季获利恶化，股价立刻下跌

迅销公司从2003年起获利便持续成长，平均每年成长17%，实力非常强大。但它在获利恶化之前，股价也免不了大跌的命运。从图6-15可以看到该公司于2010年8月股价创新高时的业绩。该公司整年的经常利益成长了22%，但上半年成长了53%（第一季成长了58%，第二季成长了45%），下半年却衰退了29%（第三季衰退了21%，第四季衰退了51%），因此股价也跟着腰斩。

股价上涨的重点在于每季的业绩表现

图6-15　迅销公司的月K线与经常利益

原则四：营业额不佳，股票会被嫌弃

如果问在基本面分析中，营业额跟获利哪个比较重要，答案当然是获利。因此，大多数投资者在买股票前，一定会先确认该公司的获利成长率。此时，不少人会忘了确认营业额。获利是从营业额中产生的，当营业额不再成长时，获利的成长空间自然也会跟着受限。

请看图6-16加藤产业（日本食品批发公司）的月K线图，其股价从创新高后就立刻下跌。3个月后和6个月后的获利各自成长了40%和36%，但股价却继续下滑，原因就是营业额几乎没有成长。此外，平稳期范围高达44%也是原因之一。

营业额没成长，造成股价下滑

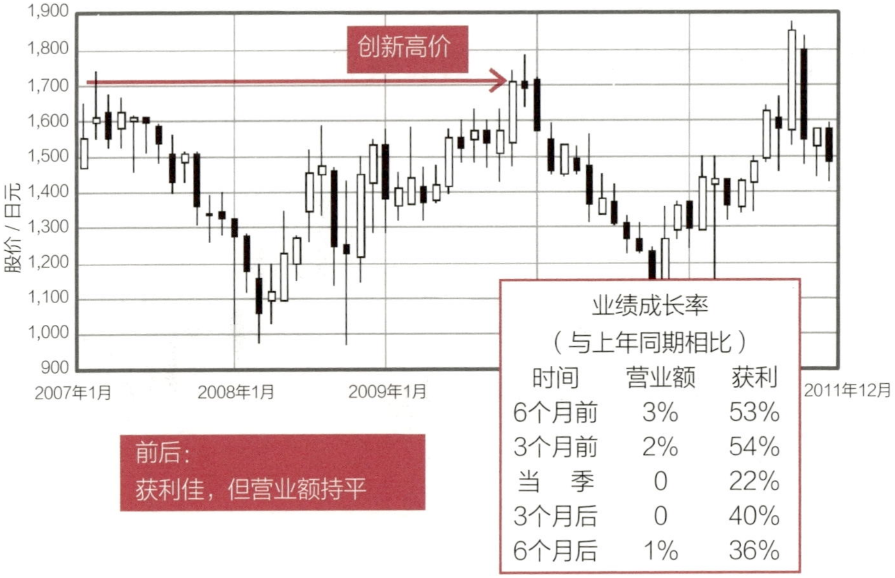

图6-16 加藤产业的月K线

对投资者来说，在混乱期要找成长型企业本来就不容易。同时，有些企业在营业额成长停滞时，会通过企业重整来美化财报的获利数据，使得有些经验不足的投资者天真地想："既然如此，那么获利有成长就好，不管营业额了。"

在混乱期中，这条原则最重要，在看企业的基本面时，请务必检查营业额。

混乱期大利多：怎么捡便宜

混乱期和上升期比起来，投资确实比较难获利，但相对地也有一项大利多，那就是投资者可以趁机捡便宜，用低价买到好股票。本来根据我的"创新高价"选股规则，你必须买在股价创近期高点的价位，不过，混乱期的情况就不同了。请看图6-17，在行情的混乱期，即使创新高价的股票处于低水位，也是值得买进的对象，我们还是可以从中找出有希望的潜力股。

当大盘跌到只剩2007年高峰的一半时，不少个股仍然维持亮眼的成绩，只是被大盘拖累，股价才会下跌。在混乱期，我们要找的就是这些即使行情处在低水位也能买进的股票。

但买进这种股票有个先决条件，就是业绩成长必须创新高（至少达到过去10年新高），能创下这种成长纪录的同时，股价却只有过去高点的一半，那真的就是买到赚到。请记住，获利成长率必须突破10年新高，而非重返过去的成长幅度，别忘了三菱商事（见图6-13）的获利重返过去高峰的96%，投资者还是不敢买进。

混乱期捡便宜的规则

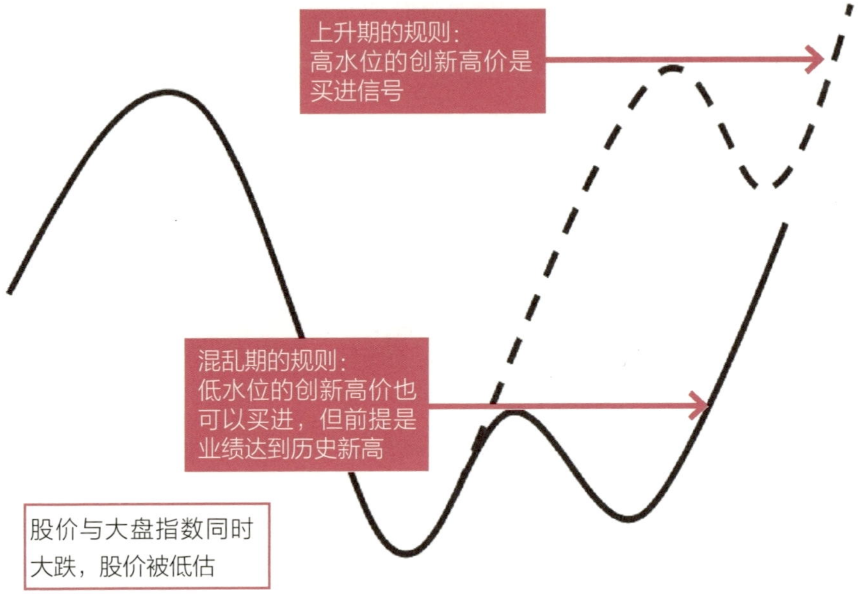

图6-17　混乱期的股价波动图

请看图6-18的三丽鸥（以设计及生产 Hello Kitty商品而知名）的月K线与周K线，它的创新高价发生在非常低的水位，但营业额在过去两季都是呈两位数的成长，获利表现更突出，过去两季成长了200%以上。如图6-19所示，三丽鸥在创新高价的2010年3月，获利成长率打破了过去10年的最高纪录。

另外，三丽鸥在月K线图的平稳期中，如果放大成周K线图来看，里面还有一个小型的平稳期。这是第一章图1-28的变形版本，也是常见的平稳期模式。

除了看基本面，我们还得看看这家公司是否具备发生巨大转变的条件。在这段时间，三丽鸥生产的如Hello Kitty等可爱卡通形象的相关商品

业绩是否呈现爆发性成长是重点

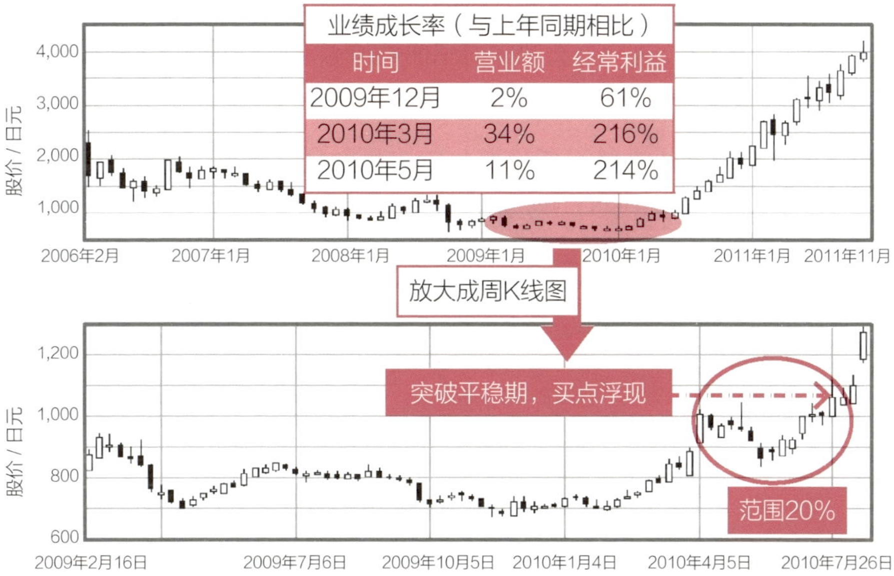

图6-18　三丽鸥的月K线与周K线

收益达历史新高，是股价大幅成长的必要条件

注：2011年指2011年3月，此图根据该公司的资料制作而成。

图6-19　三丽鸥的获利成长率

风靡全球，来自国外申请专利授权的合约源源不绝。过去欧美的流行商品中没有“可爱”这一个类别，而三丽鸥的卡通产品打入了欧美的儿童市场。在亚洲更是掀起一股“可爱”文化的热潮。

在混乱期捡便宜跟买低价股是不一样的投资策略。买低价股是当股价在某个范围内震荡时，买在相对低点；而在混乱期捡便宜，除了买在行情低水位的平稳期，其余规则跟之前我说明的一样，请务必严格遵守，特别对营业额成长率，请务必留意。

第 七 章

下单前，再学两招守护资产的技巧

第一节 别在创新高价当天下单

获利重点：避免追高。

重要度：★★☆

一、定律就是买“隔天的开盘价”

投资最重要的原则就是不让资产减少，只有好好守护资产，才是最棒的进攻。本章将说明守护资产最重要的两个技巧。首先是下单的时间点。

当某只股票的基本面和技术面都满足了飙股条件且创下新高价时，就可以准备下单了。一般来说，下单的时间点有三种：

（1）盘中：确认突破过去高价，立刻买进。

（2）盘后：确认当日收盘价创新高后，于收盘后下单。

（3）在隔天开盘前，以前一天的收盘价下单。

有人曾经模拟这三种下单方式的投资绩效，结果大致相同。但是，我强烈建议大家采用第三种方法，理由如下：

第一，当一天的交易结束后，你有充裕的时间好好调查哪些股票的股价创下新高，同时又满足了基本面与技术面的各项条件，这样第二天你就可以气定神闲地下单了。

第二，盘前是一天当中下单量最多的时间，不必担心价格跑掉。

第三，隔日开盘前下单，是这三个时间点中最晚的一个，一般来说，股票持有时间愈短愈好，因为你永远不知道到隔天早上为止，股市会不会发生什么重大事件，或是该公司会不会爆发什么意外丑闻。

相较之下，买在第一和第二时间点，有个共同的缺点，就是从开盘到收盘为止，你时时刻刻都得盯着行情变化。

二、用比收盘价再低 0.5%～1.0%的价位限价下单

我再介绍给大家一个实用技巧，就是以低于前一天收盘价0.5%～1.0%的价位在隔天早上限价下单（别担心买不到，一定会有机会）。据统计，日本股市的基本特性是早上开盘前走高，开盘后的白天交易则股价疲软，因此前一天的收盘价，通常会在隔天中午下跌1%左右。

请看表7-1日经指数期货的价格变动。例如在2011年“一年的变动”那一栏，日经指数期货从2010年的最后一个交易日，到2011年的最后一个交易日为止，总共下跌了1,770日元。

这个1,770日元可以分成两个部分：开盘前的价格变动（每天的收盘后到隔天开盘前的价差合计）为–240日元，白天交易时间（早上9时到下午3时的价格变动合计）的价格变动为–1,530日元，2000—2011年，盘前共涨了5,820日元，白天交易时间则一共下跌了16,220日元。

收盘价在隔日中午会下跌1%左右

表7-1　日经指数期货的价格变动

时间	前天收盘价到当天开盘前的价格/日元	白天交易时间股价的变动/日元	一年的变动/日元
2000	-1,790	-3,280	-5,070
2001	-1,390	-1,910	-3,300
2002	1,310	-3,250	-1,940
2003	3,330	-1,140	2,190
2004	1,560	-790	770
2005	2,340	2,230	4,570
2006	2,340	-1,130	1,210
2007	-880	-1,140	-2,020
2008	-1,160	-5,260	-6,420
2009	740	970	1,710
2010	-340	10	-330
2011	-240	-1,530	-1,770
合计	5,820	-16,220	-10,400

注：白天交易时间，是指开盘到收盘的时间；一年的变动，是指本年最后一个交易日收盘价，与去年最后一个交易日收盘价的价差。

之所以出现这种现象，大概是因为每当国外股市率先开出红盘，投资者对东京股市便会抱有期待，因此纷纷在开盘前下单；而等冷静下来后，指数又会慢慢回到正常水位。

由于个股的走势会受到大盘影响，就连创新高价股也不例外，因此多数个股也会出现相同的现象。不过，还是有可能出现开盘前价位较低、开盘后大涨的情况，但这种盘中气势较强的情况，只占整体股票不到两成的份额。

以商船三井为例，这只股票在2003年8月以380日元创下新高，之后于2007年10月飙涨到2,040日元，是2000—2010年的飙股代表。即使是这样大幅飙涨的股票，在创新高价后，也还是有可能会疲软一阵子。请看图7-1，它在2003年9月底，股价曾回跌至创新高价时的价位。

商船三井的例子告诉我们，创新高价股的走势并非直线飙涨，而是会反复波动，以锯齿的形状缓升。因此，如果你错失了一次买进机会也不必着急，一定还有机会进场。不过，从实际操作来看，它的平稳期幅度太大了，我是不会在2003年8月时买进的。

错过进场机会，还有下一次

图7-1　商船三井的月K线与日K线

三、为什么一定要便宜1%

一定有人会怀疑：“便宜 0.5% ~ 1%有什么用？用限价的方式下单，万一没有买成，不是更划不来？”

我之所以希望大家这么做，目的是降低亏损的风险，正因为股价会呈锯齿状上下波动、逐步缓升，万一这一次的创新高价是锯齿状的最高点，之后股价就会开始走跌，如果它在创新高价后立刻暴跌，投资者就得承认判断错误，赶快停损。

请见图7-2的范例。JFE控股公司在2005年8月创新高价，于创新高价成为收盘价的隔天，突然开出一根大阴线，之后连续3天走跌。如果你遵照“隔天开盘前下单”的规则，这3天会亏损8.8%。此时，如果你用便宜1%的价格下单，亏损就会减少1%，多少可以减轻心理压力，这就是我要求你以便宜1%限价下单的最大理由。

创新高价后，股价下跌

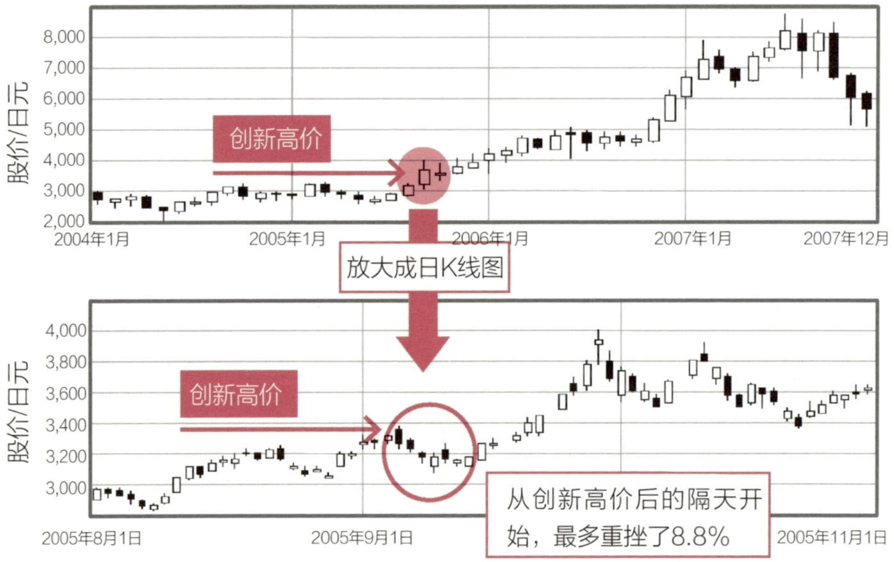

图7-2　JFE控股公司的月K线与日K线

“下跌就有亏损风险”，这是股票交易中非常重要的观念，因此，下单看似是一种简单的操作行为，但你还是可以从中挖掘出避免亏损的技巧。这种面对风险的谨慎态度，往往就是成功获利的关键所在。

第二节 不要把资金全押在同一个标的上

获利重点：分散投资能帮助你将亏损最小化。

重要度：★★★

很多鼓励民众投资股票的文章都会这么说："以每年获利15%来计算，投资10年，你的资产就会翻4倍。"这个数字只要敲敲计算器，谁都算得出来，但我相信那些在股海打滚多年的人是绝对不会赞同这种说法的。

我不是说你的资产不可能在10年内翻4倍，而是年年获利15%绝对不可能。实际情况比较可能是：有时40%，有时 –10%，只是平均算起来是15%，但算这种平均值就像在算老鼠和大象的平均体重一样，一点意义也没有。

事实上，股票的投资报酬率每年都会上下波动，如图7–3所示。当市场处于平稳期时，获利可能不高，但等到暴涨行情到来时，资产就会大幅增加。此外，当行情走跌时，报酬率也有可能是负值，而当行情转为和缓的上升期时，资产也可能会逐步增加。

再厉害的投资者，都不可能一次都没有看走眼过，但有个办法可以让"看走眼"带来的杀伤力极小化，那就是分散投资。

分散投资是指不把所有的资金押在同一只股票上，而是把所有资金

实际上，很可能在某一年，你的投资获利是负值

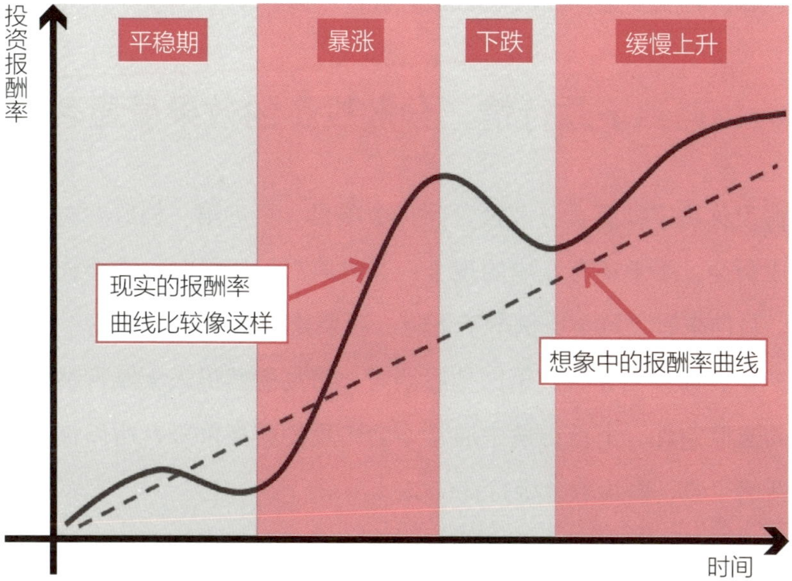

图7–3　现实的报酬率曲线与想象中的报酬率曲线对比

分散到不同的股票上。这么做的主要目的就是减少亏损金额，道理很简单：买100张股票，万一赔钱，损失是买1,000张股票的1/10，心理压力也会减少1/10。

如果你去赌场看同一桌的玩家，光是观察表情，就能窥探他们的心理状态。西方人比较大方，很容易跟陌生人聊开，赌局开始前总爱跟人聊几句，但赌局一开始，他们的眼神会立刻变得锐利，看起来判若两人，尤其是赌金很大时，更容易出现这种情况。

话说回来，赌博的胜负完全靠运气，但投资股票不一样，胜负全凭自己怎么做决定。那么，你认为气定神闲的人跟无法气定神闲的人，长期来看，哪种人比较容易胜出呢？我想答案已经很明显了。

分散投资不光能减少心理负担，让你气定神闲，它还有另一个特点就是：赚钱时能多赚，亏损时又能少赔。

一、遇到下跌行情，分散投资的效果最显著

假设你决定把资金分散投资到10个项目。买进第一档股票时，只花了一成资金，手上还有九成的现金；买进第二档股票时，资金比例降到八成。目前来看，资金比例节节下降，股票比例上升。

然而，如果当你买到第四档股票时，市场忽然进入下跌行情，根据我们的选股条件，下跌行情中通常不会出现创新高价股，所以你不会再买进新的个股，而让资金维持在60%。

买股的原则是信号出现才进场，不要一口气买完。要使买进的时间产生，时间一分散，自然能降低风险。

我们来看一个实际案例。图7-4是日经平均指数于2007年7月来到高点时，分散投资的10只创新高价股的绩效（这个投资组合比《大涨的信号》的投资组合历时更长，但规则一样）。光看图就知道，每次只用一成资金购买创新高价的股票，其绩效比日经平均指数就已经好太多了。

此外，因为图7-4的报酬率算法是在卖出股票时才结算实际报酬，没有计入尚未卖出的账面获利，所以感觉比日经平均指数（红线）的上升曲线反应延后。其实，如果把未实现的账面报酬也算进去的话，总资金应该会和日经平均指数联动才对。

（1）暴跌局面：相较于日经平均指数跌掉六成，分散投资的投资组合最多只亏损17%。

（2）上升局面：分散投资的资产增加不到五成，比日经平均指数

的涨幅（六成）略逊一筹。

（3）下跌局面：相较于日经平均指数走势往下，分散投资的资产反而渐增。

分散投资运用在上升行情里，也能有不错的报酬率。在图7–4的上升局面中，资金的成长幅度稍逊于日经平均指数，这是因为那段时间属于混乱期的平缓上升阶段。换句话说，由于行情的上升力道太弱，因此创新高价股的数量较少，组合投资未能完全发挥效用。

在上升行情中，最能影响投资组合表现的因素就是持股比例。假使上升行情力道够强，根据选股原则，你应该有很多只股票可以买，甚至会买不完。很有可能在行情初期你就将资金布局完毕，而且这些股票之后的涨幅肯定不小。

分散投资在下跌行情时最能显示出威力

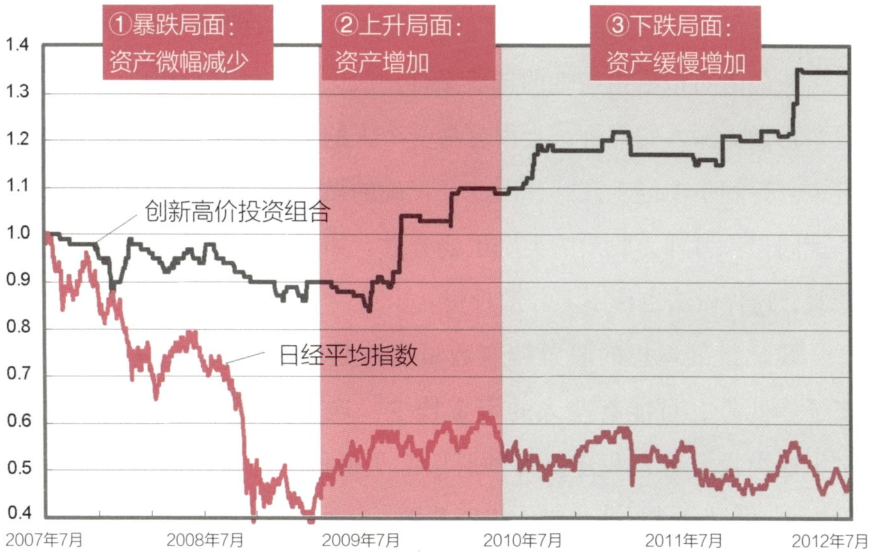

图7–4　分散投资的10只创新高价股的绩效

在每10只创新高价股中，大概只会出现1只真正的大飙股，约有4只必须停损，剩下的5只绩效比大盘指数稍微好一些。这就像即使有很多歌手一夕爆红，但真正能在年底登上红白歌唱大赛的艺人也依旧凤毛麟角。

据此，比起把所有资金都押在同一个标的上，分散投资碰到明星股的概率会更高。基于这个理由，就算在上升行情，我还是认为分散投资的获利表现会比孤注一掷好。

二、分散投资不同类别的股票

分散投资时，如果你打算购买10只不同的股票，请务必把资金平均分成10等份，千万不要有“我觉得某只股票会大涨，就把它当作重点投资对象”这种想法。

即使你在买进前很笃定“这只股票一定会飙涨”，还是有可能碰上暴跌、不得不停损的情况，最后反而是你不看好的股票上涨了。

投资者可以靠机械性的选股条件把股票筛选到某个程度，但若想对股票再做更深入的评价，会很容易受个人的主观喜好影响，而自己的喜好未必等同于市场的喜好，因此，正确的做法是对符合选股标准的个股一视同仁。另外，股票的类别也要分散，如果10只股票都是科技股或传产股，这种做法也称不上分散投资。

我觉得最理想的股票持有数量应该是5～10只，20只股票可能太多了。此外，可能有些人的资金较少，连分散成5只股票都很勉强，对于这类投资者，我建议每种股票都买最低单位就好（例如一手或零股①），尽量分散投资，扩大投资范围。

① 指不足一手（100股）的零星股票。

附录 独创K线五步骤检核表

最后，我将本书的内容整理成K线五步骤检核表。如果你一看每个步骤里的检核项目，就能立刻想起它的意义，代表你已经完全读懂本书的重点，可以开始投资了。不过，我建议你不要一鼓作气，刚开始，请以最小的额度为单位投资（例如从买零股开始测试自己的选股）。

当年我刚踏入投资这一行时，总以为每天忙碌地买进卖出就是投资。当我找不到适合投资的个股时，我就会很焦虑。这时候，一旦看上了什么股票，不管它符不符合我的选股标准，都觉得它充满了希望。根据我的经验，买进这种“充满希望”股票的人，大多会买在股价的高点。因此，为了能客观地判断能否买进，请各位务必好好运用这份检核表，若是不符合的项目愈多，就代表你的投资风险愈高。

步骤一 用K线图找出“创新高价”里的真飙股

1. 理想型：检查5个项目

●平稳期

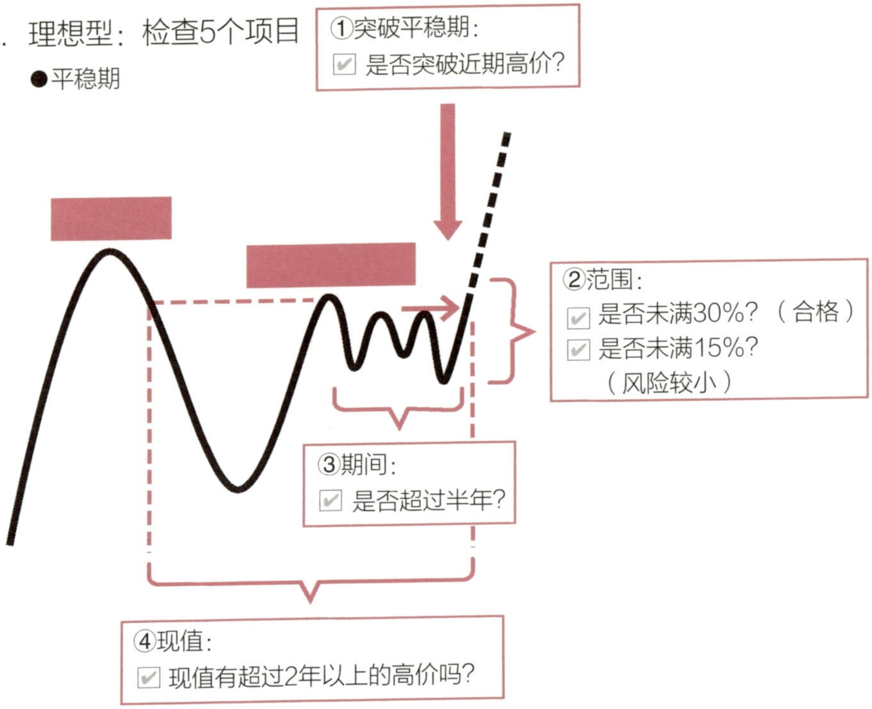

附图1　平稳期里真飙股的股价波动

●平稳期出现在低水位时

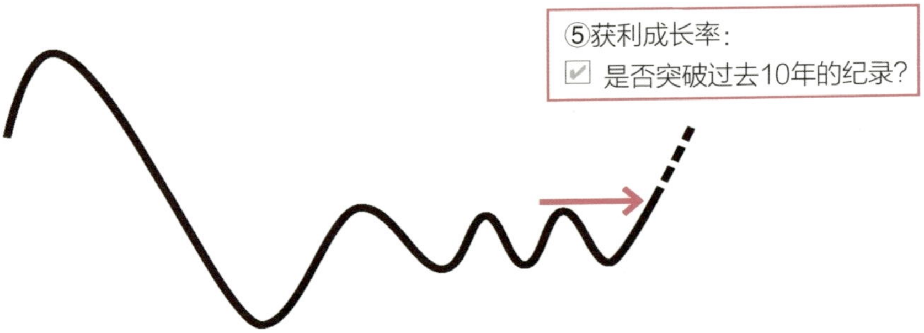

附图2　平稳期出现在低水位时真飙股的股价波动

2. 变化型：检查4个项目

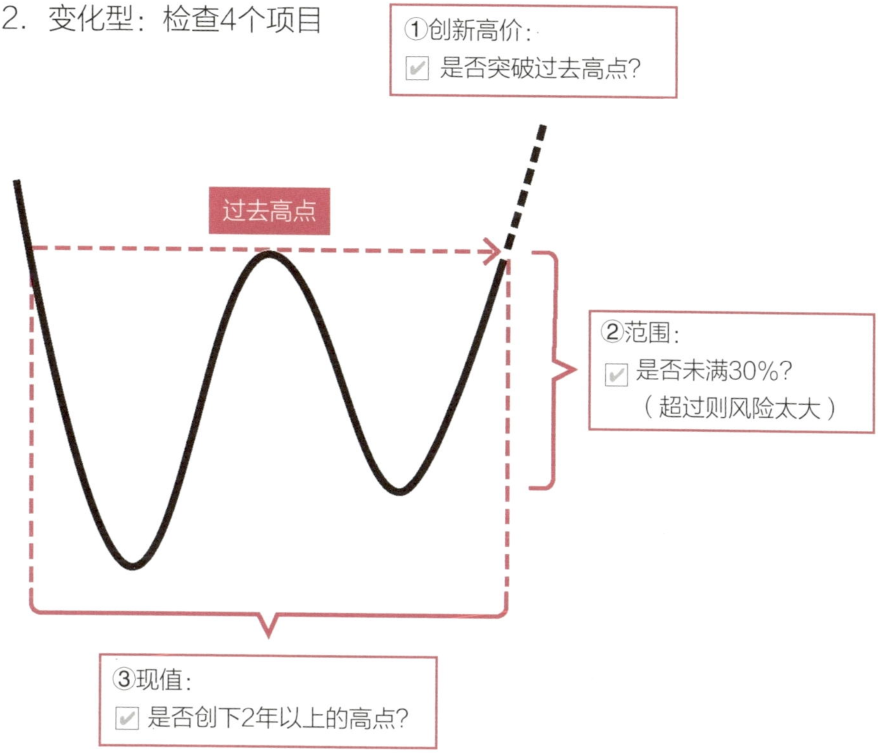

附图3 变化型真飙股的股价波动

●创新高价出现在低水位时

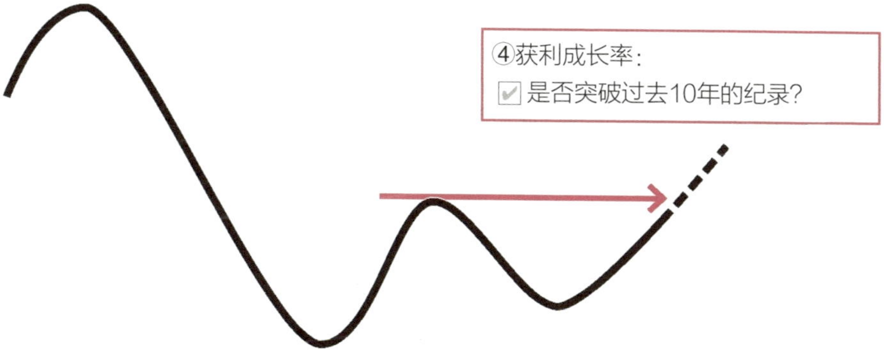

附图4 创新高价出现在低水位时真飙股的股价波动

步骤二 看看公司是否经历巨大转变

最近二至三季度业绩

- ☑ 营业额年均成长超过10%、经常利益年均成长超过20%
- ☑ 最近一季的获利成长率超过20%
- ☑ 若有单季业绩未达标准，前后季是否达成
- ☑ 转亏为盈的股票，要按照第二章第四节的公式来计算成长率

↓

公司是否经历巨大转变

以下只要符合其中一项即可：

- ☑ 搭上时代潮流顺风车
- ☑ 独占型企业
- ☑ 受惠于政府政策

↓

确认问题股

飙股不能符合下面任何一项：

- ☑ 只有该公司股价上涨，同类股则维持低迷
- ☑ 落后补涨
- ☑ 获利来自公司重整
- ☑ 刚合并的公司

步骤三 从技术分析推测买气

在创新高价当天，检查以下项目：

☑1. 波动率：未满6%（未满4%风险较小，未满6%属中度风险，超过6%风险大）

☑2. 成交量：20日MA（平均成交量）成长两成以上

☑3. 用K线波动率粗略估算股价高点，从现值到预测高点，涨幅是否超过20%

筛选的优先顺序是1、2、3

步骤四 掌握大盘走势

中趋势——每天检查：

☑现在是上升局面吗？（创新高价股数量比上升）

☑上升局面快出现了吗？（对照大盘的高峰和创新高价股数量比的高峰，见附图5注1）

大趋势——偶尔检查：

☑是否进入上升期？（大盘指数是否突破平稳期的高价？见附图5注2）

☑是否和全球股市联动？（其他股市最近也创新高价了吗？）

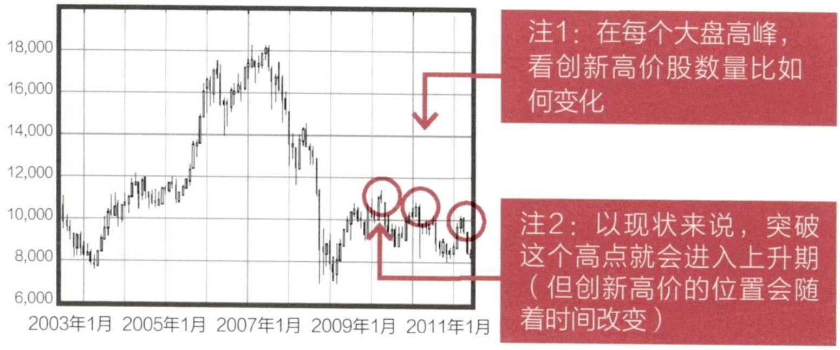

附图5 日经平均指数的月K线

步骤五 决定买或不买

不可能有一只股票会完全符合检核表的所有项目，因此，必须结合每个检核点的重要程度来进行综合判断。

个股魅力度

- ☑ 1. 是否有巨大转变？
- ☑ 2. 最近二至三季业绩是否良好？
- ☑ 3. 是否有创新高价？
- ☑ 4. 是否形成平稳期？
- ☑ 5. 从技术分析来看，买气高吗？

非常重要

↓ 优先顺序

重要

大盘魅力度

☑ 股市处于上升局面吗？

当行情处于下跌局面时，个股魅力再高也无用武之地，此时应该戒急用忍，等待下一个时机到来。